Melanie Pignitter

Als ich lernte, mich selbst zu lieben, war mein Leben eine runde Sache

MELANIE PIGNITTER

Als ich lernte, mich selbst zu lieben, war mein Leben eine runde Sache

GOLDEGG VERLAG

Umschlaggestaltung und Bild: Kathrin Steigerwald, Hamburg
Rechte Autorinnenfoto: Martin Juryzc

ISBN: 978-3-99060-296-6

Unter den Linden 21 • D-10117 Berlin
Telefon: +49 800 505 43 76-0

Goldegg Verlag GmbH, Österreich
Mommsengasse 4/2 • A-1040 Wien
Telefon: +43 1 505 43 76-0

E-Mail: office@goldegg-verlag.com
www.goldegg-verlag.com

Layout, Satz und Herstellung: Goldegg Verlag GmbH, Wien
Printed in the EU

Inhaltsverzeichnis

Vorwort zur Neuauflage

Ich erinnere mich noch, als wäre es gestern gewesen, an den Tag, als ich dieses Buch zum ersten Mal in Händen hielt. Einer meiner größten Träume war wahr geworden. Minutenlang flossen Tränen der Überwältigung und Freude über meine Wangen. Ich – die kleine, so lange kranke Melanie – habe es geschafft. Ich bin nicht mehr klein. Ich bin nicht mehr das Opfer. Nein, ich bin jetzt der Schöpfer meiner Träume, meine beste Freundin und meine große Liebe. Damit steht eines fest: Ich kann alles schaffen, was ich möchte. Und du auch!

Dieses Buch – mein erstes Buch von mittlerweile vier erfolgreichen Büchern in der Kategorie liebevolle Lebenshilfe – will auch dich auf diesem Weg zurück zu dir, deiner Selbstliebe und deinem ganzen Potenzial begleiten. Vorerst hatte ich Zweifel, ob dieses Buch, das ich ja mittlerweile vor knapp sechs Jahren geschrieben habe, meinen und deinen Ansprüchen genügt. Schließlich ist es immer unser gewachsenes Ich, das unserem früheren Ich erklärt, wie wir es hätten besser machen sollen. Heute bin ich schließlich um sechs Jahre Berufs-, Lebens- und Autorenerfahrung weiter. Aber während ich dieses Buch an der einen oder anderen Stelle überarbeitet habe, habe ich auch gemerkt, dass dem nicht immer so ist. Natürlich weiß und kann ich heute das eine oder andere besser als früher. Meine Ansätze haben sich weiterentwickelt und manches, das du in diesem Buch findest, entspricht mir nicht mehr ganz in der Art und Weise, wie ich heute kommuniziere, sowie meinen heutigen Kernthemen.

Aber genauso hat mich mein früheres Ich mit diesem Werk an viele zentrale Punkte der Persönlichkeitsentwicklung erinnert, die man nur allzu gerne übersieht oder wieder vergisst. Mein früheres Ich hat mir in diesem Buch wieder neue Perspektiven aufgezeigt, mich an den Kern meiner Selbstliebe erinnert, diese gestärkt, mir bewusst gemacht, wo ich Leichtigkeit finde, wenn sie mir wieder einmal fehlt, und mich die heilsame Kraft der Körperliebe wieder spüren lassen. Kurzum: Mein früheres – vorerst angenommen – weniger reifes Ich hat mir dabei geholfen, wieder ein Stück weit über mich selbst hinauszuwachsen. Und ich bin der tiefsten Überzeugung, dass es auch dich bereichern kann.

Natürlich habe ich es mir trotzdem nicht nehmen lassen, das Buch an der einen oder anderen Stelle anzupassen beziehungsweise zu erweitern. Zum Beispiel habe ich heute einen anderen – wie ich meine – authentischeren und friedvolleren Umgang mit dem Thema Körperliebe. Auch die Werkzeuge aus der Kategorie Selbstliebe habe ich an diversen Stellen erneuert und abwechslungsreicher gestaltet. Aber am besten lässt du dich einfach überraschen und genießt die Reise zu dir selbst, die wir jetzt gemeinsam starten.

Von Herzen viel Freude beim Lesen
deine Melanie

Das Mädchen, das nicht schlafen konnte

Als ich ein Kind war, las mir meine Mutter das Märchen von der Prinzessin auf der Erbse vor. Schon damals fand ich das Verhalten des Mädchens bedenkenswert: eine wunderschöne, reiche Prinzessin, die nichts Besseres zu tun hatte, als sich unentwegt über eine einzelne Erbse aufzuregen …?

Viele Jahre später inspirierte mich genau dieses Märchen dazu, meine größte Lebenskrise zu bewältigen.

Denn wenn die Erbse das Synonym für die großen und kleinen Probleme in unser aller Leben ist, so bieten sich zwei Möglichkeiten an. Entweder wir machen es der Erbsenprinzessin gleich, blasen die Erbse zu einer Wassermelone auf und ärgern uns grün und blau. Oder aber wir machen aus der Erbse einfach eine Perle.

Ich habe mich für die Perle und den Glanz des Lebens entschieden, obwohl mich das Leben eine Zeit lang ordentlich gezwickt hat.

Zu zwicken begann es mich erstmals im jungen Erwachsenenalter. Wie bei so vielen von uns standen auch bei mir damals die Erfüllung materieller Wünsche sowie unausgesprochene, aber dennoch deutlich spürbare Erwartungen meines Umfeldes im Vordergrund. Ich war ein Mädel vom Land, und wie du dir vorstellen kannst, gibt es, um diese Rolle gut zu erfüllen, einige Anforderungen: einen guten Job, bei dem die Sicherheit des Arbeitsplatzes die höchste Priorität hat, schließlich weiß man nie, wie es kommen wird. Einen soliden Partner, der anständig zupacken kann. Ein gebärfreudiges Becken, wobei, das kann man – soweit ich weiß – nicht beeinflussen. Und natürlich eine bescheidene Einstellung zum Leben, denn die findet nicht nur der Zukünftige, sondern auch die Nachbarin gut.

Zu all diesen Kriterien, die ich unhinterfragt versuchte zu erfüllen, dominierte mich auch ein altes Sprichwort. »Ohne Fleiß kein Preis«, hörte ich meine innere Stimme immer wieder sagen, weswegen ich mich in der Annahme, ich täte das Richtige, tagtäglich zur Arbeit quälte. Dennoch dachte ich kein einziges Mal an eine Veränderung. Damals war mir nicht bewusst, dass Arbeit auch Spaß machen darf, ja sogar soll! Heute aber kann ich mir eingestehen, dass ich die miserabelste Sekretärin war, die du dir nur vorstellen kannst. Mir fehlten jegliche Fähigkeiten und Begabungen, die eine gute Verwaltungskraft auszeichnen. Kein Wunder also, dass meine Fehlerquote hoch war und meine Motivation im Sand. Ganz tief in mir wusste ich schon damals, dass meine Talente in anderen Bereichen lagen. Doch die Stimmen in meinem Kopf, die danach verlangten, die Anforderungen, die mich ein Leben lang begleitet hatten, zu erfüllen, waren lauter. Folgsam, wie ich war, hörte ich auf die Vernunft und wurde dabei von Tag zu Tag unglücklicher.

Mein ganzes Leben erschien mir wie eine Baustelle mit unzähligen Begrenzungen. Meine jugendlichen Träume von einem kreativen Job, der Entdeckung der Welt, einem eigenen Buch, der Wandlung zur Prinzessin, vom Traummann und nicht zu vergessen – vom Treffen mit Bridget Jones – waren in den Bereich des Unerreichbaren gerutscht.

Genau mit jenen Begrenzungen stolperte ich damals in meine erste Beziehung, die viele Jahre währte. Und so dankbar ich für all die Erfahrungen bin, die ich durch diese Zeit machen durfte, war es für mich das bisher freudloseste Jahrzehnt meines Lebens. Im Nachhinein erscheint es mir so, als wäre ich in eine Art Winter- oder sagen wir Prinzessinnenschlaf gefallen.

Nachdem mich der Prinz aber nicht wachküsste, musste ich selbst diese Aufgabe übernehmen. Wie du dir vorstellen kannst, schafft man das nach so vielen Jahren des Grenzdenkens nicht einfach so. Deshalb übernahm mein Körper diese Aufgabe eines Tages.

Mysteriöse Krankheitssymptome in Form von Ausschlägen an allen Stellen meines Körpers und Schwellungen im Gesicht, die meine Lippen wie aufgedunsene Schwimmreifen aussehen ließen und meine Augenlieder zu überdimensionalen Scheuklappen umfunktionierten, begleiteten mich täglich. Die Ausschläge juckten bestialisch. Eines Nachts, der Juckreiz war wieder einmal besonders schlimm, lag ich schlaflos wach. Da kam mir ein Gedanke. Was, wenn mir mein Körper mit dieser nervigen, nicht enden wollenden Juckerei etwas sagen will?

Und da erwachte ich plötzlich aus dem Koma des rationellen Denkens und der brutalen Selbstverleugnung.

Ich betätigte die Reset-Taste und startete mit fünfundzwanzig Jahren in ein völlig neues Leben. Meine langjährige Beziehung, meine Heimat, meinen Job, den Drang, es allen recht machen zu wollen, und meine bescheidene Meinung von mir selbst ließ ich dabei einfach zurück. Wenige Wochen nach den radikalen Veränderungen verabschiedeten sich auch meine Hauterkrankungen und kehrten nie wieder zurück. Aus dem einst sehr schüchternen Mädchen wurde eine selbstbewusste Frau. Das machte sich sowohl in meinem Job als auch in meinem Privatleben bemerkbar. Beruflich jagte ein Erfolg den nächsten. Ich arbeitete damals als Finanzberaterin und erwies meinem Arbeitgeber durch hervorragende Verkaufszahlen meine Dienste. Auch außerhalb meines Jobs nahmen die Disziplin und das Streben nach mehr stetig zu. Weiterbildungen, jede Menge Sport und so viele hilfreiche Kontakte wie möglich zu knüpfen, standen regelmäßig auf meiner To-do-Liste. Als ich schließlich meinen Traumjob als Verkaufstrainerin erhielt und quer durchs Land reiste, schienen meine Karriereziele erreicht.

Immer wieder erwachte ich in dieser Zeit in der Früh

mit einem Lächeln im Gesicht und dankte mir selbst für diese wundervolle Wende in meinem Leben.

Wäre meine Geschichte ein Märchen, so würde sie vermutlich genau hier enden. Das Leben jedoch wollte mehr von mir als nur ein scheinbares Happy End und belehrte mich eines Besseren.

2014 landete ich mit voller Wucht in meiner bislang größten Lebenskrise. Von heute auf morgen wurde mir mein Leben förmlich unter den Füßen weggezogen. Auf Grund einer chronischen Krankheit litt ich vierundzwanzig Stunden täglich an Kopfschmerzen. Die ersten 600 Tage nach meiner Erkrankung wurde mein Alltag von Schmerz, Depressionen und Arztbesuchen dominiert. Ich ließ nichts unversucht und investierte mein gesamtes Vermögen in Besuche bei Ärzten, Heil- und Alternativmedizinern. Eine einheitliche Diagnose aber erhielt ich nicht. Und so wurde ich eine von Hunderttausenden Schmerzpatientinnen im deutschsprachigen Raum, denen die Schulmedizin bis dato nur marginal helfen kann, weil die Ursachenforschung rund um die Psychosomatik noch viele Fragezeichen offenlässt. Meine extreme Verzweiflung führte mich zu jeder Menge Fachlektüre. Dabei wurde mir bewusst, dass chronischer Schmerz dann entsteht, wenn gewisse Nerven durch lang anhaltenden, extremen Stress beschädigt werden. Das Schmerzzentrum im Gehirn sendet dadurch, auch wenn keine körperlichen Schäden (mehr) bestehen, weiter sein Schmerzsignal aus. Die ursprüngliche Ursache meiner Erkrankung liegt also im psychischen Bereich.

Womöglich erkennst du hier schon die Korrelation zu

meiner ersten Krise, in der mir mein Körper durch Hauterkrankungen aufzeigte, dass vieles in meinem Leben nicht mehr stimmig war. Genauso verhielt es sich bei meinen Schmerzen. Allerdings lähmten mich diese so sehr, dass ich anfangs kaum in der Lage war, einen klaren Gedanken zu fassen. Denn der höllische Schmerz war nicht zu vergleichen mit katerähnlichen oder Spannungsschmerz adäquaten Beschwerden, wie sie die meisten Menschen kennen. Nein, meine Schmerzen glichen eher einem nicht mehr endenden Migräneanfall. Sie waren rasend, brutal und konstant – sprich vierundzwanzig Stunden täglich vorhanden. Regelmäßig trieb mich die Schmerzintensität zur Toilette, wo ich nach langem Würgen dennoch nicht von meinem Schmerz befreit wurde.

Zu meinen unerträglichen Symptomen hatte sich außerdem eine ausgewachsene Depression gesellt. Dafür verantwortlich war zum einen die Aussichtslosigkeit in Bezug auf Heilung, denn ein verstörtes Schmerzzentrum lässt sich, so wurde es mir wortwörtlich gesagt, nie wieder vollständig reparieren. Und zum anderen natürlich mein da raus resultierendes, völlig freudloses Leben. Ich musste meinen geliebten Job sowie Sport, Tanz und außerdem meine Reise- und Abenteuerlust komplett aufgeben. An manchen Tagen war ich vor lauter Heulkrämpfen noch nicht einmal in der Lage, mein Bett zu verlassen. Und die Tage, an denen ich mit viel Zähne-zusammen-Beißen gesellschaftskompatibel war, lassen sich beinahe an einer Hand abzählen. Zu allem Überfluss litt ich auch an Nebenwirkungen, die ich der Vielzahl der Medikamentenexperimente, denen ich mich aus

Verzweiflung aussetzte, verdankte. Mein Körper war aufgedunsen und Übelkeit sowie ein miserables Körpergefühl taten den Rest. Wenn ich heute daran denke, läuft es mir noch immer eiskalt den Rücken hinunter. Denn hätte ich damals trotz der Aussichtslosigkeit nicht einen Horrortag nach dem nächsten ausgehalten, also hätte ich nicht diesen unglaublichen Biss, den ich mir in den Jahren davor antrainiert hatte, gehabt, so wäre ich heute wohl nicht mehr hier. Und dafür bin ich unendlich dankbar.

Wie ich es nun aus dieser Hölle der Qualen geschafft habe? Es war ein langer Weg. Im ersten Schritt reduzierte ich meine Arztbesuche und distanzierte mich dadurch von der Aussichtslosigkeit, die mir einige Mediziner ständig vor Augen hielten. Stattdessen widmete ich mich wieder meinem Spezialgebiet, dem Mentaltraining. Ich wälzte jede Menge Bücher und stellte mir Schritt für Schritt mein ganz eigenes Programm, das mich weg vom Schmerz hin zur körperlichen Erlösung führen sollte, zusammen.

Anfangs musste ich dabei viel Geduld aufbringen. Schließlich schränkten mich meine Schmerzen stark bei der Konzentration ein. Eines Tages las ich, dass extreme Tätigkeiten, wie beispielsweise Fallschirm springen, surfen oder Rock 'n' Roll tanzen, ähnliche Entspannungseffekte bewirken wie Meditation. Das inspirierte mich so sehr, dass ich beschloss, trotz Schmerzen besonders verrückte und freudvolle Unternehmungen zu starten. Kaum zwei Wochen später surfte ich das erste Mal auf der Vienna City Wave. Okay, ich gebe es zu, ich war die meiste Zeit unter statt auf der Welle, aber die Aktion tat dennoch ihre Wirkung. Nach einer Stunde surfen wurde mir bewusst, dass ich währenddessen keinen Gedanken an meinen Schmerz verschwendet hatte. Kurze Zeit später gründete ich aus diesem Grund meine Marke Honigperlen. Auf meinem Blog, Podcast sowie auf meinen Social-Media-Kanälen teile ich seither mit mittlerweile Millionen Menschen meine Tools, meine Erfahrungen und Selbstliebe-Impulse.

Beim Schreiben der Texte für meine Posts und meinen Blog ging mir dann im wahrsten Sinne des Wortes das Herz auf. Schritt für Schritt führten meine Interventionen zu Antworten und Erkenntnissen. Schon bald war ich sicher, dass mein Schmerz einen Sinn haben musste. Dass er gekommen war, um mich auf etwas Wesentliches, das in meinem Leben bisher nicht rundlief, hinzuweisen. Also begann ich, ihn anstatt als Feind als Freund anzuerkennen. Ich hörte damit auf, ihn gedanklich zu verfluchen, und redete ihm liebevoll zu. In etwa so: »Hallo, mein Schmerz, da bist du ja wieder. Es ist okay, dass du da bist. Ich weiß, dass du wichtig bist. Ich erkenne dich an.« Ich stand gerade vor dem Badezimmerspiegel, als ich einmal wieder in Gedanken mit dem Schmerz kommunizierte. Und da fiel es mir auf. Nicht nur mein Schmerz sehnte sich nach Anerkennung, Annahme und bedingungsloser Liebe, sondern auch ich sehnte mich danach. Es war zwar nicht so, dass ich mich selbst nicht ausstehen konnte, aber es gab noch immer Teile von mir, die ich genauso, wie ich es anfangs mit dem Schmerz gehalten hatte, ablehnte. Während ich mich gesund noch sehr ansehnlich fand und ich das Gefühl hatte, wertvoll zu sein, weil ich viel leistete, glaubte ich während meiner Erkrankung, nutzlos, hässlich und wertlos zu sein. Ich erkannte also, dass mir wahre Selbstliebe bis dahin fremd gewesen war. Denn Selbstliebe ist bedingungslos. Und am meisten benötigen wir sie nicht, wenn wir uns fühlen wie eine strahlende Sonnenblume, sondern dann, wenn wir drohen zu verwelken oder gar auszutrocknen. Das war eines der größten Learnings aus diesem Krankheitsweg.

So begann meine große Liebesgeschichte. Ich entfachte nicht nur die Freude in meinem Leben, sondern vor allem die bedingungslose Liebe zu mir selbst neu. Als ich nach 600 Tagen den ersten schmerzfreien Tag erlebte, wusste ich, wem ich dieses Wunder zu verdanken hatte: mir selbst und meinem Körper, der mich wieder einmal wachgeküsst hatte.

Denn wäre der Schmerz nicht als riesige Erbse in mein Leben geknallt, hätte ich wohl niemals erfahren, dass ich aus Krisen wunderschöne Perlen machen kann und dass Liebe tatsächlich die beste Medizin ist.

Heute fühle ich mich stark und grenzenlos und das, obwohl mich mein Körper immer wieder einmal mit radikalen Symptomen daran erinnert, wenn mein seelisches Wohl ins Wanken kommt. Meine Lebensqualität aber habe ich mir zurückerobert, indem ich mich vom alltäglichen Hamsterrad verabschiedet und mich von allgemeingültigen Rezepten und Zwängen, selbstsabotierenden Glaubenssätzen, scheinbarer Sicherheit, Perfektionismus, übertriebener Selbstkritik, Schlankheitswahn und der Selbstablehnung gelöst habe.

Indem ich all diese Begrenzungen, die ich größtenteils aus meiner Kindheit und von meiner Umgebung übernommen hatte, losließ, kam ich endlich wieder bei mir selbst, bei meinem authentischen Leben, an. Der Schmerz wich dem unbändigen Gefühl der Liebe – mir selbst und anderen gegenüber – sowie der tiefen Dankbarkeit für und der Bewusstheit darüber, dass ich in jedem Moment genau das machen kann, wofür ich mich selbst entscheide.

In diesem Buch geht es daher darum, wie du lernst, die Blockaden deiner Selbstliebe zu lösen, das Hamsterrad hinter dir zu lassen, deinem Leben durch einfache mentale Tools neuen Glanz zu verleihen und die Liebe und das Glück wieder bis in die Zehenspitzen zu spüren.

Genau das möchtest du? Sehr gut! Ich unterstütze dich dabei. Anstatt dich mit Ratschlägen zu erschlagen, biete ich dir Inspiration, Ideen und Konzepte an, die dir helfen, deine Träume wieder an die Oberfläche zu bringen, deinen Mut wiederzufinden, die Gefahren manchmal außer Acht zu lassen und stattdessen vielleicht seit Langem wieder so richtig und aus vollstem Herzen zu lachen. Ich will dich auch dazu inspirieren, ab und an so richtig zu faulenzen, aus der Reihe zu tanzen, einen über den Durst zu trinken, klipp und klar »Nein« zu sagen oder einfach einmal nichts zu leisten und die ganze Schoki-Packung allein aufzuessen. Und das alles, ohne ein schlechtes Gewissen zu haben.

Das Ganze nennt sich übrigens Selbstliebe. Darum soll es in diesem Buch gehen. Denn Selbstliebe ist unglaublich genial. Sie stärkt dein Selbstvertrauen, steigert deine Attraktivität, bringt Erfolg und Unabhängigkeit mit sich, sorgt für Gelassenheit und fördert die Erfüllung unserer wahren Herzenswünsche.

Und das Beste daran: Selbstliebe kann jeder lernen. Inspiration und Anregungen dazu, wie du Erbsen in Perlen verwandelst, dich selbst wachküsst, anstatt es von deinem Prinzen zu erwarten, und wie du deinen Hintern richtig lieben lernst, findest du in diesem Buch.

Und ich verspreche dir – das wird dir nicht am Arsch vorbeigehen!

Selbstliebe – Ja, ich will mich!

»Ja, ich will«, sagte Silke zu Roman, und die überdimensionale Hochzeitstorte im Hintergrund begann zu sprühen und zu funkeln. Wieder einmal gaben sich zwei Verliebte in Linda de Mols Show »Die Traumhochzeit« das Jawort. Vielleicht kennst du diese Sendung ja noch? Ich war in meiner Jugend ein großer Fan der Show, in der sich allwöchentlich zwei Menschen dafür entschieden, den anderen bis zum Lebensende zu lieben. »Ja, ich will dich«, lautete das Versprechen, das mich wieder und wieder tief berührte. Heute weiß ich, warum dem so war.

Die Sehnsucht nach jemandem, der uns zu hundert Prozent mit Haut und Haaren und allen Ecken und Kanten so liebt, wie wir sind, ist in jedem von uns verankert. Wir brauchen diese Form der Liebe, die anmutet, bedingungslos zu sein. Sie füllt in uns die Löcher, die häufig in unserer Kindheit und Jugend entstanden sind. In dieser Zeit nämlich lernte fast jeder von uns, dass man sich Anerkennung hart verdienen muss. Unser Unterbewusstsein schlussfolgerte daraus, dass wir nur dann geliebt werden, wenn wir brav sind, etwas leisten, uns konform benehmen, Fleiß zeigen, hübsch aussehen oder es allen recht machen. Und so müssen wir uns dann ein Leben lang anstrengen und hoffen, dass unsere Versuche und Taten genügen, um reichlich von der für uns überlebenswichtigen Liebe abzubekommen.

Deshalb, und nicht nur der Romanik wegen, ist es für viele Menschen eine Befreiung, wenn ihnen endlich jemand das Jawort und somit das Versprechen einer nicht endenden Liebe schenkt. Endlich hat das Abstrampeln ein Ende, endlich kann man die Angst davor, nicht genug Liebe zu erhalten, hinter sich lassen. Endlich ist man von der anstrengenden Anerkennungssucht befreit. Aber stimmt das wirklich?

Sorry, da muss ich der Romantik einen Strich durch die Rechnung machen. Bedingungslose Liebe in einer Partnerschaft findet man sehr selten. Und im Prinzip ist das auch gut so, denn der Partner ist nicht dafür verantwortlich, dass unser Liebestank bis oben hin gefüllt ist. Er ist ein freier Mensch, kann uns jederzeit den Rücken zuwenden, ein paar Jahre vor uns »den Löffel abgeben« oder einfach mal eine Zeit intensiv mit anderen Projekten beschäftigt sein, sodass ihm keine Zeit und Energie dazu bleibt, unseren Liebestank aufzufüllen. Was dann? Rennen wir ihm hinterher und betteln um seine Liebe? Ja, leider tun das sehr viele Menschen aus Verzweiflung. Aber nicht nur von unserem Partner, sondern auch von unseren Freunden, dem Boss, den Kollegen und der restlichen Familie fordern wir sie ein – die Liebe in Form von Aufmerksamkeit oder Anerkennung, die wir zum Überleben so dringend brauchen.

Für dieses Suchtverhalten, das die meisten von uns gut kennen, gibt es nur eine Lösung. Und diese lautet:

Sag JA zu dir selbst. Schenk dir das »Jawort« so, wie du es dir von deinem Partner oder deinem Zukünftigen wünschst. Liebe dich mit allem, was ist, und du wirst schon bald bemerken, wie sich dein Leben positiv verändert.

Sich selbst lieben – (k)eine Modeerscheinung

Ich war äußerst überrascht, als mir meine Freundin Franziska, die als Regionsleiterin in einem renommierten Unternehmen arbeitet, folgende Anekdote erzählte:

Wieder einmal saß sie in einer dieser Schulungen, die speziell für leitende Angestellte angeboten wurden. Das Training versprach eine bessere Selbst- und Mitarbeitereinschätzung sowie Skills im Bereich Persönlichkeitsentwicklung, die für eine wertschätzende Form der Führung nötig sind. Franziska, eine äußerst feinfühlige wie auch reflektierte Person, lässt sich gerne auf solche Inhalte ein. So auch an diesem Tag. Die erste Aufgabe, die die Seminarteilnehmer bewältigen mussten, war, in die Mitte eines Blattes das Wort »ich« zu platzieren und drum herum ihre Lebensbereiche zu notieren. Zum Beispiel: Wohnsituation, Partnerschaft, Familie, Genuss, Hobbys, Freunde, Aufgaben im Job, Team und so weiter. Als das erste To-do erledigt war, ging es weiter mit dem nächsten Schritt, der darin bestand, die Prioritäten der einzelnen Bereiche festzulegen. Die wichtigsten sollten von den Teilnehmern eingekreist werden. Diese Aufgabe wurde von allen sehr schnell erledigt. Nur Franziska kreiste noch immer auf ihrem Blatt. Als die Leiterin des Seminares einen Blick über ihre Schulter warf, bildete sich ein breites Lächeln auf ihren Lippen. »Wunderbar, du hast die Lektion verstanden«, jubelte sie und entzog Franziska das Blatt, um dieses auch für die anderen Gruppenteilnehmer sichtbar zu machen. Und was sah man darauf? Franziska hatte den Wortlaut »ich« in der Mitte vielfach umkreist und damit zum Ausdruck gebracht, dass sie selbst die höchste Priorität hat beziehungsweise das Wichtigste in ihrem Leben ist. »Jetzt verlangt auch schon mein Arbeitgeber, dass ich mich selbst liebe«, kommentierte meine Freundin lächelnd, als sie mir die Geschichte erzählte.

Und nicht nur Franziskas Arbeitgeber, sondern auch unzählige Lebenshilfe-Bücher, Influencer und Coaches weisen darauf hin, dass wir uns selbst lieben sollten, um richtig glücklich zu sein. Handelt es sich dabei um eine Modeerscheinung oder steckt wirklich mehr dahinter?

Selbstliebe ist definitiv keine Modeerscheidung, sondern ein Lifestyle, fernab von allen Kurzzeittrends. Also eine bestimmte Art und Weise, sein Leben zu gestalten. Dieser Lifestyle hat natürlich unterschiedliche Facetten und umfasst vor allem, wie du mit dir selbst umgehst.

Damit du verstehst, was ich meine, starten wir einfach mit einem Beispiel aus deinem täglichen Leben:

Wenn du morgens aufwachst und dich die Routine ins Badezimmer führt, dann erblickst du in diesem Moment zum ersten Mal am Tag dein Spiegelbild. Dieser dir nur allzu geläufige Vorgang gibt prompt darüber Auskunft, wie viel Liebespotenzial aktuell in deinem Leben vorhanden ist. Denn die Art und Weise, wie dich der erste Mensch des Tages ansieht, wie er dich wahrnimmt und wie er dich behandelt, hat essenzielle Auswirkungen auf deinen Gemütszustand. Und dieser wiederum beeinflusst unmittelbar deine Erwartungen, Bestrebungen und Handlungen und infolgedessen auch den Verlauf des bevorstehenden Tages.

Erscheint in diesem Spiegel also jemand mit finsterer Miene, der dich kritisch betrachtet und schließlich fragt: »Wie siehst du denn heute schon wieder aus?«, so wirst du daraufhin vermutlich wenig dynamisch das Haus verlassen und dich eher mit gekrümmter Haltung durch den Tag quälen. Wer morgens schon Kritik einstecken muss, dem mangelt es tagsüber häufig an Energie und Selbstvertrauen. Oder hast du dich schon einmal, nachdem du übelst beschimpft oder runtergemacht wurdest, richtig gut gefühlt? Wohl eher nicht. Denn Kritik, vor allem brutale Kritik, löst in uns eine Lawine negativer Gedanken aus. Und Gedanken sind die Vorboten der Gefühle. Lautet der Gedanke: »Ich bin ein Niemand, sehe aus wie Quasimodo und keiner will mich«, so kannst du dir vorstellen, welche Gefühle diesen Gedanken folgen werden.

Selbstkritik am Morgen führt also dazu, dass unser Selbstwert in den Keller sinkt. Weil wir nicht noch mehr davon abbekommen wollen, agieren wir dann eher passiv als aktiv. Wir haben wenig Lust auf Kommunikation, meiden Herausforderungen aus Angst, sie ohnehin nicht zu meistern, und halten uns auch sonst zurück, um ja keinen Fehler zu machen. Diese Kombination macht nicht nur wenig Spaß, sondern vermindert zusätzlich die Wahrscheinlichkeit, dass du auf Menschen triffst, die dich wertschätzend behandeln. Die negative Spirale dreht sich immer weiter, bis du schließlich abends nur noch froh bist, einen anstrengenden Tag auf einer mühsamen Welt mit unfreundlichen Mitmenschen hinter dich gebracht zu haben.

Versteckt sich hinter deinem Badezimmerspiegel allerdings jemand, der dich mit leuchtenden Augen begrüßt und dir anschließend mit einem warmherzigen Lächeln sein Wohlwollen ausdrückt, beeinflusst das deinen Alltag umgekehrt auf sehr positive Weise. Der Zuspruch deines Spiegelbildes sowie der liebevolle Umgang mit dir selbst, der daraus resultiert, statten dich mit einer gesunden Portion an Selbstwertgefühl aus. Mit Vorfreude auf den Tag verlässt du dann optimistisch das Haus und bereicherst dein Umfeld mit deiner lebensbejahenden Haltung. Deine positive Einstellung zu dir selbst sorgt also für eine positive Ausstrahlung. Sie beeinflusst deine Haltung, deine Mimik und Gestik sowie die Wahl deiner Worte. Wenig verwunderlich reagiert dein Umfeld darauf großteils positiv und du bekommst mehr von dem, wonach wir uns alle sehnen – nämlich positive Aufmerksamkeit, Verständnis und Anerkennung. Weil sich das gut anfühlt, tanzen deine Körperzellen – du fühlst dich energiegeladen und bist konzentrierter. Deine Leistung und deine Kreativität steigen. Kurzum, wie der erste Mensch des Tages – also du selbst – mit dir umgehst, kann Einfluss auf den gesamten Tag haben.

Natürlich gehört zum Lifestyle Selbstliebe nicht nur eine freundliche Begrüßung am Morgen, sondern noch einiges mehr. Aber irgendwo muss man anfangen. Und weil jeder Tag ein bisschen einen Dominoeffekt mit sich bringt, empfehle ich den ersten Stein des Tages in die richtige Richtung zu werfen. Nämlich in Richtung Selbstliebe und Selbstwertschätzung.

Inspiration:

Guten Morgen, du zauberhafte Seele

Ich lade dich herzlich ein, diese Übung auszuprobieren.

Begrüße dich selbst in den nächsten 21 Tagen jedes Mal gleich nach dem Aufstehen so, wie du von einem Menschen begrüßt werden möchtest, den du aus tiefstem Herzen liebst oder schätzt. Überlege dir dazu ein bis zwei Sätze. Schau deinem Spiegelbild tief in die Augen, lächle und sprich die wertschätzende Begrüßung dir selbst gegenüber dann ein bis drei Mal laut aus. Du kannst sie in Du- oder Ich-Form formulieren – je nachdem, was sich für dich besser anfühlt.

Hier findest du eine kleine Auswahl an Inspirationen:

- Guten Morgen, Sonnenschein! Es ist ein Geschenk, dass es dich gibt. Und ich würde heute nichts lieber machen, als mit dir den Tag zu verbringen.
- Schön, dass du da bist, mein Engel! Ich glaube an dich. Gemeinsam machen wir aus dem heutigen Tag das Beste, das wir uns vorstellen können.
- Hallo, du zauberhafte Seele! Ich freue mich von Herzen, dass du hier bist. Lass uns diesen Tag mit Liebe und Freude erfüllen.
- Guten Morgen, mein Schatz! Auch, wenn heute kein leichter Tag wird – du musst wissen, ich glaube an dich und liebe dich, ganz egal, was passiert.
- Hallo, meine Liebe! Du bist mutig, du bist kraftvoll, du bist liebenswert. Lass uns diesen Tag rocken.

Dominoeffekt Liebe

Nachdem du deinen Morgen nun vielleicht mit einer liebevollen Begrüßung gestartet hast, könntest du den Einwurf bringen, dass dennoch nicht alle Menschen in deiner Umgebung sich deiner positiven Schwingung anpassen. Womöglich meckert dein Kollege trotzdem herum, die Kinder zanken sich schon beim Frühstück oder dein Partner ist schlecht gelaunt, weil in der Arbeit etwas schiefgegangen ist.

Du hast recht – wir können die Menschen in unserer Umgebung nur bis zu einem gewissen Grad durch unser Verhalten, unsere Ausstrahlung und Stimmung beeinflussen. Fakt ist aber, den eigenen Gemütszustand, die Art und Weise, wie wir mit negativen Ereignissen und uns umgehen oder eben wie wir uns als erster Mensch des Tages betrachten, bestimmen wir dennoch selbst. Starten wir unseren Tag demnach voller Liebe, Freude und mit einem Lächeln, so lösen wir dadurch viel eher einen nachhaltigen Dominoeffekt aus, der sowohl uns selbst als auch unsere Mitmenschen mit Lebensfreude und Wertschätzung bereichert.

Natürlich ist nicht jeder Tag zum Lachen geschaffen, das ist mir schon klar. Aber im Prinzip geht es auch nicht darum, ständig »happy peppy« zu sein, sondern vielmehr um einen liebevollen Umgang mit sich selbst und anderen. Anstatt vorhandene Zweifel und Probleme von Erbsengröße auf jene von Wassermelonen aufzublasen, können wir uns selbst auch einfach gut zureden, beruhigen und eine positivere Erwartung als bisher einnehmen.

Schaffen wir es, uns morgens liebevoll zu begrüßen und anschließend mit einem Lächeln auf den Lippen das Haus zu verlassen, so werden wir daraufhin nicht nur mit höherer Wahrscheinlichkeit auf Menschen treffen, die ebenso liebevoll und wohlwollend sind, sondern wir werden auch mit den Kritikern, Meckerern und Drama-Queens besser umgehen können. Der Grund: Unser Liebestank wurde bereits am Morgen gefüllt. Anstatt auf Konfrontation und Ablehnung zu schalten, erkennen wir besser, dass die Laune des anderen wenig mit uns selbst zu tun hat, und können für den Miesepeter vielleicht sogar Verständnis aufbringen.

Wichtig zu erkennen ist: Du bestimmst als erster dir begegnender Mensch des Tages, in welche Richtung es geht.

Ja, andere Menschen haben eine gewisse Macht, was deine Stimmung betrifft – aber während sie nur Abteilungsleiter, Küchenhilfen oder Assistentinnen in deinem Lebensbusiness sind, bist und bleibst du der Boss.

Das heißt, du hast die größte Macht darüber, wie dein Tag verläuft. Damit du diese wichtige Erkenntnis nie wieder vergisst, habe ich dir eine besondere Geschichte mitgebracht:

Die alte indische Erzählung vom »Tempel der tausend Spiegel« bringt die Kernaussage des Dominoeffekts auf den Punkt. Vor vielen, vielen Jahren gab es in Indien den Tempel der tausend Spiegel. Er lag hoch oben auf einem Berg und sein Anblick hinterließ einen gewaltigen Eindruck bei allen, die ihn sahen. Eines Tages erklomm ein Hund den Berg, stieg die Stufen des Tempels hinauf und betrat ihn. Als er in den Saal der tausend Spiegel kam, sah er tausend Hunde. Er erschrak, knurrte furchtbar, zog die Lefzen hoch und fletschte die Zähne. Und auch die tausend Hunde in den Spiegeln zogen die Lefzen hoch und fletschten ihre Zähne.

Einige Zeit später kam ein anderer Hund in den Tempel der tausend Spiegel. Auch er sah tausend Hunde. Er aber freute sich. Er wedelte mit dem Schwanz, sprang fröhlich hin und her und forderte die Hunde zum Spielen auf. Dieser Hund verließ den Tempel überglücklich und war davon überzeugt, dass die Welt aus netten, freundlichen Hunden besteht, die ihm wohlgesonnen sind.

Wenn wir uns selbst lieben, verhalten wir uns immer öfter und ohne Anstrengung wie der zweite Hund in der Geschichte. Es fällt uns leicht, andere mit unseren wertschätzenden Worten, unserer Freundlichkeit und Herzlichkeit zu beflügeln. Wir haben keine Angst mehr davor, Liebe in Form von Anerkennung zu verschenken und dabei selbst leer auszugehen, weil diese ja ohnehin ausreichend in uns vorhanden ist. Zudem wissen wir, dass Anerkennung und Freundlichkeit durch den Dominoeffekt der Liebe vielfach zu uns zurückkehren.

Inspiration:

Experiment Wertschätzung

Vor einiger Zeit führte ich ein Selbstexperiment durch, das mir bewusstmachte, in welchem Ausmaß ich für die Ereignisse in meinem Alltag verantwortlich bin.

Meine Zielsetzung war es, fünf fremden Personen innerhalb eines Tages ein ehrliches Kompliment zu machen. An einem Samstagvormittag begab ich mich daher zu Fuß auf den Weg in die Stadt. Mit einem breiten Lächeln schlenderte ich umher und versuchte, einzelnen Passanten so tief und liebevoll wie möglich in die Augen zu sehen. Es dauerte nicht lange, da lächelten die ersten zurück. Ich bemerkte, wie mein Experiment anfing, Spaß zu machen. Dennoch erschien mir ein einziger Augenblick zu kurz, um in den Menschen etwas zu erkennen, für das ich ihnen ein ehrlich gemeintes Kompliment aussprechen konnte. Schließlich hatte ich auch den Anspruch, dass dieses nicht rein oberflächlich sein sollte.

Um mein Vorhaben in Ruhe zu überdenken, genehmigte ich mir eine Tasse Tee in einem gut besuchten, kleinen Café. Währenddessen kam meine Chance, ich beobachtete zwei Frauen, die am Tisch gegenüber von mir Platz genommen hatten. Zuerst fiel mir das herzhafte Lachen der einen auf. Sie wirkte kraftvoll, dynamisch und sprühte vor Lebensenergie. Ihre Freundin rechts schien etwas zurückhaltender. Ein Blick in ihre dunklen Augen verriet mir, dass sie eine tiefe und vermutlich auch empathische Seele war. Ich holte einen Notizblock heraus und notierte mir zu beiden die jeweils positiven Eigenschaften, die sie für mich ausstrahlten.

Tatsächlich nahm ich nach weiteren zehn Minuten all meinen Mut zusammen und ging auf die beiden zu. Vorerst etwas zögerlich fragte ich, ob ich ihnen ein Kompliment machen dürfte. »Klar«, sagte die eine, während die andere nickte. Vermutlich hatten sie damit gerechnet, dass ich ihre Kleidung loben würde. Als ich nun aber von Tiefgründigkeit, Herzlichkeit, Offenheit und einer warmherzigen Ausstrahlung sprach, schienen sie überrascht. Es dauerte ein paar Sekunden – dann erfüllte ihr Strahlen den ganzen Raum. Ohne dass die anderen Café-Besucher unsere Konversation hören konnten, blickten sie plötzlich alle in unsere Richtung. Fast so, als würden sie die positive Energie, die von uns ausging, spüren.

Und danach fühlte ich mich fast so, als hätte ich selbst all diese Komplimente bekommen. Bei genauerer Betrachtung ist das auch so – denn wir erkennen immer nur das im anderen, was auch wir selbst in uns tragen.

Beschwingt von diesem schönen zwischenmenschlichen Erlebnis spazierte ich weiter und verteilte an diesem Tag auch noch an meinen Partner und Freunde einige Komplimente. Wie du dir vorstellen kannst, traf ich bei diesem Abenteuer nur auf Menschen, die auch mir äußerst freundlich begegneten. Der Kellner im Café lächelte mir charmant zu, ein älterer Herr hielt mir die Tür auf und eine junge Frau tippte mir sogar auf die Schulter, um mir mitzuteilen, dass ihr mein Sommerkleid besonders gut gefiel. Ja, an diesem Tag war ich wohl eindeutig der freundliche Hund gewesen und hatte gespürt, wie sehr ich das Leben, meine Mitmenschen und mich selbst liebte.

Anregung für dich: Probiere es mal aus! Es müssen ja nicht gleich wildfremde Menschen sein. Aber bestimmt triffst du im

Verlauf der Woche einige Freunde, Bekannte oder Kollegen. Frag dich:

- Was an ihrer Ausstrahlung mag ich?
- Was an ihrer Anwesenheit mag ich?
- Welches gute Gefühl lösen sie in mir aus?
- Was schätze ich an ihnen oder wofür bin ich ihnen dankbar?

Notiere deine Antworten schriftlich und formuliere daraus das eine oder andere Kompliment, das du zum Beispiel schon morgen verteilst. Falls du dich mit dem Aussprechen schwertust, kann es auch ein kleines Post-it sein, das du jemandem auf seinen Bildschirm klebst, oder eine WhatsApp-Nachricht.

Ich verspreche dir – es kommt so viel positive Energie zurück, dass du bei diesem Wertschätzungsexperiment bestimmt nicht zu kurz kommst.

Wie voll ist dein Liebestank?

Wie eingangs bereits erwähnt, braucht jeder von uns Liebe, damit er sich wohl in seiner Haut, sicher und glücklich fühlt. Am besten stellst du dir dazu einen imaginären Liebestank vor, den du in dir trägst. Ist dieser fast immer leer, so bist du vermutlich jemand, der ständig das Gefühl hat, um Liebe kämpfen oder gar betteln zu müssen. Ist er voll – so fühlst du dich zumeist glücklich und geliebt.

Aus unserem inneren Liebestank, der uns mit positiven Gefühlen und Selbstvertrauen versorgt, können wir natürlich nur schöpfen, wenn er über reichlich Inhalt verfügt. Können wir uns selbst gegenüber keine Liebe empfinden, so erwarten wir, dass ein anderer diesen Job tut und unseren Liebestank füllt. Das Problem dabei möchte ich dir anhand eines klassischen Beispiels erklären:

Silvia steht vor dem Spiegel und fragt ihren Freund: »Steht mir dieses Kleid wirklich? Bin ich nicht zu dick für so etwas? Sehe ich darin hübsch aus?« Ihr Freund antwortete liebevoll: »Nein, Schatz, du bist natürlich nicht zu dick. Das Kleid steht dir wunderbar. Außerdem würde ich dich sogar in einem Kartoffelsack hübsch finden, das weißt du doch.«

Silvias Freund hat alles richtiggemacht und versucht, ihr Selbstbild durch seine Wahrnehmung positiv zu bestärken.

Warum aber stellt Silvia zehn Minuten später wieder dieselbe Frage? »Und du findest mich wirklich nicht zu dick?«

Sie kann dem Menschen, der ihr sagt, dass sie schön,

liebenswert und wundervoll ist, einfach nicht zu 100 % glauben, weil sie selbst nicht davon überzeugt ist. Ihre Fragen zielen klar darauf ab, dass ihr Partner ihr die Bestätigung schenkt, die sie sich selbst nicht schenken kann. Leider funktioniert das nur marginal. Schenkt ihr nämlich jemand Liebe oder Wertschätzung, so freut sie sich kurzfristig und fühlt sich besser als zuvor, aber der positive Zustand endet schnell wieder. Man könnte sagen, durch ihre eigenen Zweifel storniert sie einen Teil der Liebe und Anerkennung, die sie bekommt, wieder. Einfach weil sie diese wegen ihrer eigenen negativen Überzeugungen unbewusst als Lüge empfindet. Sie kann nicht glauben, dass sie tatsächlich jemand so liebt, wie sie ist, weil sie es selbst nicht tut.

Die klassische Aussage – ich werde nur geliebt, wenn ich mich selbst liebe – ist allerdings dennoch falsch. Denn wie eben anhand des Beispiels erklärt, kann uns durchaus jemand lieben und schön und bezaubernd finden, obwohl wir es selbst nicht tun. Das Problem dabei ist nur – es kommt nur ein Teil dieser Liebe bei uns an. Du kannst es dir so vorstellen, als hätte dein Liebestank ein Loch. Kurzfristig fühlst du dich geliebt, aber schon bald leert sich der Tank wieder und das altbekannte Gefühl, nicht schön, gut oder liebenswert genug zu sein, kehrt zurück.

Leider ergeht es vielen von uns immer wieder so. Wir werden geplagt von Zweifeln und Komplexen. Kein Wunder also, dass wir in solchen Momenten unserem Urinstinkt nachkommen und die Liebe beispielsweise durch Anerkennung von außen einfordern. Das klappt aber nicht wirklich, wie wir gerade bei Silvia gesehen haben. Erst wenn wir uns selbst lieben, können wir die Liebe der anderen in vollem Maße annehmen und genießen.

Obwohl das zuerst einmal für viele schwierig klingt, ist das Gute daran, dass wir schon einmal dazu in der Lage waren, unhinterfragt und bedingungslos zu lieben. Vor einigen Jahrzehnten, als wir in Mamas Armen lagen und an ihrer Brust nuckelten, hatten wir keine Selbstzweifel und schon gar nicht zweifelten wir an Mamas Liebe. Diese Fähigkeit ist den meisten von uns aber über die Jahre abhandengekommen. Verantwortlich dafür sind unsere Erfahrungen in der Kindheit und Jugend, die uns lehrten, dass Anerkennung eben nicht immer bedingungslos ist. Natürlich haben uns dabei auch unsere Eltern und Lehrer geprägt, die zwar ihr Bestes taten, aber uns dennoch oftmals schädliche Glaubenssätze auferlegten. Denken wir an Sprüche wie »Ohne Fleiß kein Preis«, »Nur das hübscheste Mädchen küsst den Prinzen« oder »Bescheidenheit ist Tugend«. Nachdem uns die Fähigkeit der Selbstliebe aber quasi in die Wiege gelegt wurde, können wir diese durch einfache Intentionen wieder neu entfachen.

Wie würdest du es finden, dich einmal so richtig ungeniert in dich selbst zu verlieben? Wer das exzessiv betreibt, bekommt davon sogar Bauchkribbeln. Ein unglaubliches Gefühl von Mut, Kraft und Lebensfreude stellt sich ein. Und genau dabei möchte ich dich mit den Übungen in den folgenden Kapiteln unterstützen.

Um herauszufinden, welche Übungen bei dir am meisten Wirkung erzielen und welche du daher wiederholen solltest, checkst du am besten vorab deinen Liebestank.

Inspiration:

Check deinen Liebestank

Stell dir vor, das Maß deiner Selbstliebe wäre anhand eines Tanks abzulesen. Bei hundert Prozent ist der Tank voll und somit der höchste Grad an Selbstliebe erreicht. Du fühlst dich dann geliebt, bist stolz, ja sogar dankbar für dich selbst.

Frage dich, wie gut gefüllt dein Tank aktuell ist. Wie viel Prozent gibst du der Liebe zu dir selbst in diesem Moment? Antworte einfach intuitiv.

Im Anschluss wählst du eine der in den nächsten Kapiteln folgenden Übungen aus. Unmittelbar nachdem du eine Übung ausprobiert hast, fragst du dich erneut, zu wie viel Prozent dein Tank gefüllt ist.

Dieser Selbsttest zeigt dir nicht nur, wie sehr du durch deine Gedanken und Taten dein Empfinden beeinflussen kannst, sondern gibt gleichzeitig darüber Auskunft, welche Methoden für dich besonders effektiv sind.

Die drei Zauberworte

»Ich liebe dich!« Für die meisten von uns bedeuten diese drei Worte etwas Besonderes. Genau deshalb verteilen wir sie oftmals sehr sparsam. Auf Grund ihrer Kostbarkeit warten wir gerne auf die »richtige« Person, den »richtigen« Zeitpunkt und die »richtige« Atmosphäre. Wenn es tatsächlich dazu kommt, dass wir die magischen drei Worte aussprechen, haben wir im Vorfeld bereits genauestens überprüft, ob sich derjenige, an den wir die Worte richten, dieses Geschenk überhaupt verdient hat. Dadurch angeregt, kommt unser Unterbewusstsein zur Schlussfolgerung: »Liebe ist etwas Kostbares und Seltenes. Liebe muss man sich verdienen!«

Diese oder ähnliche Überzeugungen haben wir uns meist über viele Jahre antrainiert, was zu einer tiefen Verankerung in unserem Glaubenssystem geführt hat. Bei manchen Menschen ist dieser Glaube sogar so ausgeprägt, dass sie die drei Zauberworte generell vermeiden. Viel zu schmerzhaft erscheint ihnen alles, was damit in Verbindung steht. Bei anderen hingegen verlieren die Worte radikal an Bedeutung, weil sie diese inflationär verwenden. »Ich liebe meinen Frühstücksaufstrich, diese Stadt, meine neue Bluse, den Dreifach-Rasierer, den neuen James-Bond-Film, Lilien und noch vieles mehr.« Es ist kaum abzuschätzen, ob es sich bei diesem Phänomen um einen Worttrend oder aber um die Entwertung der Worte handelt. Denn wenn man sogar ein Stück Stoff lieben kann, dann ist es vermutlich auch einfacher, sich selbst zu lieben, wenn man sich in die neue Bluse eingehüllt hat. Ob das von wahrer Selbstliebe zeugt, wage ich aber zu bezweifeln.

Die meisten von uns allerdings werden von negativen Glaubenssätzen wie »Liebe ist nicht bedingungslos« oder »Ich muss mich benehmen, etwas leisten oder besonders hübsch sein, um geliebt zu werden« dominiert. Diese Glaubenssätze dienen uns anschließend, oftmals unbewusst, dazu zu überprüfen, ob sich einer unserer Mitmenschen unsere Liebe »verdient« hat. Während wir ihnen nach sorgfältiger Prüfung ein Liebesgeständnis gewähren, gehen wir mit uns selbst meist viel strenger ins Gericht. Oder hast du dir schon einmal gesagt, dass du dich selbst von ganzem Herzen und bedingungslos liebst? Und wenn ja, schaffst du das auch dann, wenn du dein Make-up noch nicht aufgelegt hast, einen Fehler machst oder dich jemand kränkt oder kritisiert? Denn dann ist deine Liebe dir selbst gegenüber nicht bedingungslos. Und das ist ein Problem. Denn wenn du dich nur selbst liebst, wenn du Erfolg hast und gut aussiehst, ist das in etwa so, als würdest du ein kleines Kind nur lieben, wenn es lacht und strahlt, und ihm deine Liebe verwehren, wenn es weint und deinen Trost braucht. Du merkst schon – das hat negative Auswirkungen für deine mentale Gesundheit und dein Wohlbefinden.

Aber zurück zum Kern: Wie oft sagst du dir in der Regel, dass du dich liebst? Und wann hast du dir das letzte Mal ein Liebesgeständnis gemacht?

Negative Glaubenssätze wie »Liebe muss man sich hart verdienen«, «Ich bin nicht gut genug«, »Eigenlob stinkt«, »Liebe tut weh« oder »Meiner Selbst wegen liebt mich niemand« hindern uns daran, ein gesundes Maß an Selbstliebe und Selbstachtung aufzubauen. Indem wir uns neue Überzeugungen aneignen, entziehen wir den destruktiven Glaubenssätzen nach und nach ihren Dünger und ermöglichen so, dass die Liebe zu uns selbst wächst. Ein Selbstliebe-Mantra, welches du in deinen Alltag integrierst, kann dich im ersten Schritt dabei unterstützen.

Inspiration:

Selbstliebe-Mantra

Probiere die Wirkung der Mantras doch gleich einmal aus und wähle einen der folgenden Sätze:

- Ich verdiene Liebe! Ich schenke mir Liebe! Ich bin Liebe!
- Ich liebe mich von Tag zu Tag immer mehr und mehr!
- Ich entfache die Quelle der Selbstliebe in mir.
- Egal, was passiert, ich werde mich immer lieben.
- Ich sage Ja zu mir! Ich liebe mich über alle Zeiten hinaus.

Damit die neuen positiven Überzeugungen tief in dein Unterbewusstsein vordringen und von dort aus kontinuierlich deinen Liebestank füllen können, ist es notwendig, dass du ihnen laufend Energie in Form von Aufmerksamkeit zukommen lässt. Durch die tägliche Wiederholung deiner Liebesphrase, laut oder in Gedanken, verankerst du diese tief in deinem Bewusstsein.

Der ideale Zeitpunkt für Mantras und Affirmationen ist übrigens morgens nach dem Erwachen oder abends vor dem Zu-Bett-Gehen. Diese Zeiten eignen sich deswegen besonders gut, weil wir kurz vor dem Einschlafen und nach dem Aufwachen einen hervorragenden Draht zu unserem Unterbewusstsein – dem Wohnsitz unserer Glaubenssätze – haben.

Um diese Übung zu verstärken und das Gesagte tief in dein Unterbewusstsein vordringen zu lassen, kannst du eine einfache körperliche Geste nutzen, während du dir dein Mantra vorsagst. Lege deine rechte Hand auf deine Brust, gleich oberhalb des Herzens. In diversen Versuchen wurde festgestellt, dass diese

Berührung ähnliche Gefühle der Geborgenheit in uns auslöst wie eine Umarmung. Und Gefühle sind der großartigste Turbo, den wir bei Mantras und Affirmationen nutzen können, um das Gesagte schneller in unserem Unterbewusstsein zu manifestieren.

Ist die Liebe zu dir selbst erst mal gestärkt, strahlst du das auch aus. Dadurch können immer mehr liebevolle Menschen und Ereignisse in dein Leben gelangen.

Das Verwöhnprogramm

Die Tante verwöhnt ihren Neffen mit Eiscreme, die Partnerin ihren Liebsten mit Massagen, die gute Freundin ihre Mädels mit kleinen Aufmerksamkeiten ... geliebten Menschen tun wir gerne etwas Gutes. Wir umsorgen sie, bereiten ihnen kleine und große Freuden und investieren dabei oftmals nicht nur Geld, sondern ebenso Zeit und Muße. Wenn sich jene Menschen freuen, die uns am Herzen liegen, erfreuen wir uns auch selbst. Und gerade deshalb verbirgt der Verwöhnbereich spannende Erkenntnisse für dich. Das fiel mir erst neulich wieder auf, als mir meine Bekannte Helga von ihrem aufwendigen Strickprojekt erzählte:

Sie arbeitete gerade an einer speziellen Wendehaube für ihren Neffen und verbrachte viel Zeit damit, die Lieblingsmotive des Kleinen ideal durch Material und Strickmuster darzustellen. Unter anderem suchte sie die gesamte Stadt nach einer speziellen Wolle ab, mit der sie noch präziser arbeiten konnte. Aufmerksam hörte ich ihr zu. Als wir uns eine knappe Stunde später verabschiedeten, zog sich Helga ihre ausrangierte Haube über. »Deine Haube hat ein Loch«, stellte ich fest und deutete mit meinem Finger darauf. »Ja, ich weiß. Ich muss einmal zu H & M und mir eine neue kaufen«, antwortete sie.

Du weißt wahrscheinlich schon, worauf ich hinauswill. Während wir bei unseren Mitmenschen selten geizen, sieht es bei uns selbst oftmals anders aus. Unser Geiz bezieht sich nicht nur auf Materielles, sondern auch auf wertvolle Zeit, die wir für unsere Liebsten und deren Anliegen oft aufbringen, aber für uns selbst viel zu selten. Falls dich diese Thematik betrifft, stell dir bitte folgende Frage: Aus welchen Gründen umsorgst und verwöhnst du deine Liebsten?

Mögliche Antworten könnten lauten: weil sie mir am Herzen liegen. Weil sie die wichtigsten Menschen in meinem Leben sind. Weil ich sie sehr liebe und einfach möchte, dass es ihnen gut geht. Weil sie wertvoll für mich sind.

Wenn du deine Antwort definiert hast, dann lass dir bitte folgende Sätze ganz langsam auf der Zunge zergehen:

- Du bist es mindestens genauso wert, geliebt und umsorgt zu werden.
- Du darfst dich zuerst um dich selbst kümmern.
- Du darfst dich auch einmal richtig verwöhnen.
- Selbstliebe ist Nächstenliebe – denn nur, wenn du gut auf dich selbst schaust, hast du langfristig auch genug Energie für deine Liebsten

Gerade der letzte Satz ist für Menschen, die sich selbst oft hintenanstellen, ein wichtiger Impuls, der ihnen dabei hilft, sich selbst endlich an erste Stelle zu setzen. Niemand hat etwas von dir, wenn du erschöpft bist, krank wirst oder gar ein Burn-out bekommst. Aber auch, wenn dieser Worst Case nicht eintrifft, haben deine Liebsten wenig von dir, wenn du ständig gestresst, gereizt, frustriert und unzufrieden bist. Genau wie du dir wünschst, dass sie glücklich und gesund sind, wünschen sie sich ebenso, dass du es bist. Also tu ihnen diesen Gefallen.

Du machst deine Liebsten glücklich, indem du dich selbst glücklich machst.

Deshalb lass uns gemeinsam einen großen Schritt tun. Mach es dir zur Aufgabe, dir diese Fragen mehrmals pro Woche zu stellen:

- Wie geht es mir gerade? Und was brauche ich, damit es mir besser geht?
- Was fühle ich gerade? Und was kann ich dazu beitragen, dass ich mehr Glücksgefühle ausschütte?
- Was kann ich heute für mich tun, damit es mir morgen bessergeht?

Und zusätzlich schlage ich dir auch einen Verwöhn-Event vor, der nicht täglich, aber vielleicht ein bis zwei Mal pro Monat stattfinden kann.

Inspiration:

Verwöhn-Event

Die Gestaltung deines individuellen Verwöhnprogramms nährt folgende wichtige Überzeugungen in dir: Ich habe es verdient, gut behandelt zu werden. Ich bin es wert, kostbar beschenkt zu werden. Ich bin wichtig und darf daher mehr Zeit für mich selbst in Anspruch nehmen. Ich liebe meinen Körper und behandle ihn deshalb liebevoll.

Zur Planung deines Verwöhn-Events, der mindestens zwei Stunden, aber auch einen ganzen Tag dauern kann, überlege, was dir besonders guttut. Am besten hörst du hier bei der Auswahl auf dein Bauchgefühl. Macht sich Vorfreude auf dein Verwöhnprogramm bereit, so kannst du sicher sein, dass es dir guttut und deine aktuellen Bedürfnisse stillt.

Brauchst du einige Anregungen? Wie wäre es mit etwas hiervon: stundenlang im Lieblingscafé sitzen und ein gutes Buch lesen, Waldbaden, einen Brunch mit der besten Freundin genießen, ein heißes Bad bei Entspannungsmusik nehmen, ein Mal- oder Schreibseminar besuchen, den Lieblingsfilm ansehen, einen Beautynachmittag allein oder mit Freundinnen genießen, Kräuter pflanzen, eine Schlamm-Massage bekommen, einen Ausflug ins Grüne unternehmen, Yoga oder Pilates machen, durch die Stadt flanieren, Fahrrad fahren, meditieren, Shiatsu ausprobieren, ein Konzert besuchen, beim Lieblingsitaliener zu Abend essen, einen Schokokuchen backen und danach alles aufessen ...

Gestalte dir aus diesen oder weiteren Bausteinen, die dir einfallen, dein persönliches Verwöhnprogramm!

Dauer: mindestens zwei Stunden!

Vereinbare gleich im Anschluss einen verbindlichen Termin mit dir selbst. Am besten blockierst du dafür ein paar Stunden oder gleich einen ganzen Tag in deinem Kalender. Wenn du deinen Termin am Smartphone oder PC vermerkst, so wähle zusätzlich noch die Priority-Stufe »wichtig« aus. So stellst du sicher, dass dir im letzten Moment nicht doch wieder etwas scheinbar Wichtigeres dazwischenkommt. Außerdem machst du dir dadurch bewusst, dass du selbst die oberste Priorität in deinem Leben hast.

Entdecke, wie großartig du bist!

»Ich bin großartig.« Kannst du diesen Satz bejahen? Oder findest du ihn egozentrisch, hochmütig oder sogar narzisstisch? Viele Menschen reagieren bei diesem Satz schockiert: »Es schickt sich doch nicht, gut über sich selbst zu sprechen. Eigenlob stinkt, das wusste schließlich schon meine Oma. Außerdem klingt das nach Hochstapelei. Die Anforderungen, die sich hinter dieser Aussage verbergen, kann ich doch niemals erfüllen.« Ergeht es dir ähnlich? Gibt es eventuell noch Zweifel in dir, die dich hemmen, dich selbst großartig zu finden? Oder fragst du dich vielleicht einfach, ob es notwendig ist, großartig zu sein?

Unser Selbstbild hat wenig mit dem Fremdbild – also dem Bild, das andere von uns haben – zu tun. Auch wenn wir genau das oft meinen. Aber da wir die Gedanken der anderen nicht lesen können, ziehen wir unsere eigenen zur Erschaffung des Selbstbildes heran. Dein Selbstbild wird also vorrangig von deinen eigenen Gedanken kreiert, weswegen deine Überlegungen zu obigen Fragen durchaus von Bedeutung sind. Wer sich nämlich selbst ständig kritisch betrachtet und seinen Fokus hauptsächlich auf die eigenen Unzulänglichkeiten richtet, gelangt häufig zur Überzeugung: *»Ich bin nicht gut genug!«*

Insgeheim wünschen sich dann viele, einfach anders zu sein. Erfolgreicher, attraktiver, gelassener, disziplinierter, selbstbewusster, klüger, liebevoller oder kommunikativer. Indem sie aber immer wieder feststellen, dass sie all diese Eigenschaften nicht besitzen, nähren sie das Gefühl der Minderwertigkeit erneut. Die Folge sind Erlebnisse, die die Geringschätzung der eigenen Person bestätigen. Zum Beispiel: Man wird im Job nicht ernst oder wichtig genug genommen. Bei jeder Besprechung, in der man erneut unterbrochen oder einfach ignoriert wird, verschlechtert sich dann das Selbstbild in Bezug auf die berufliche Kompetenz. Die Fehlerquote steigt und ein Misserfolg jagt den nächsten. Ein weiterer Beweis dafür, dass man im Job ein absoluter Versager ist. Schließlich fühlt man sich auch noch von den Kollegen ausgeschlossen und beginnt, an seinen zwischenmenschlichen Fähigkeiten zu zweifeln. Die gute Freundin, die einen versetzt, sowie der Partner, der einen beim Abendessen keines Blickes würdigt, werden anschließend als weitere Signale der Entwertung gedeutet. Mit so wenigen Qualitäten und Fähigkeiten erscheint es schließlich vollkommen unmöglich, die einst so großen Träume zu verwirklichen und ein erfülltes Leben voller Liebe zu führen.

Im Gegenzug dazu ist ein positives Selbstbild der ideale Magnet für Erfolg, Lebensfreude und Selbstverwirklichung. Wer sich selbst vertraut, sich seiner Fähigkeiten und Talente bewusst ist, seine Wesenszüge und Facetten liebt und weiß, dass er ein großartiges Unikat ist, lebt leichter, fühlt sich mehr geliebt und ist im Schnitt erfolgreicher. Wenn du beim Anblick deines Selbstbildes mit Liebe, Stolz und Freude erfüllt bist, hat das also riesige Vorteile.

Viele Menschen sind sich gar nicht darüber bewusst, wie sie sich selbst sehen, einschätzen oder beurteilen. Das Bild, das wir von uns selbst haben, setzt sich aus unseren vergangenen Erfahrungen, Erfolgen, Misserfolgen, Glaubenssätzen sowie Mutmaßungen darüber, was andere von uns denken, zusammen. Leider ist das Selbstbild vieler Menschen eher negativ. Mit Aussagen wie »Wen interessiert denn schon meine Meinung, ich kann doch nichts Besonderes, ich bin doch nur ein kleines Würstchen, andere sind besser als ich oder wer hört denn schon auf jemanden wie mich« tragen viele Menschen einen Teil ihres Selbstbildes nach außen. Dadurch prägen sie bis zu einem gewissen Grad auch das Bild über die eigene Person bei anderen, aber wirklich im Klaren darüber, dass es sich dabei um die Spiegelung ihrer Selbstwahrnehmung handelt, sind sie sich nicht. Die Entstehung des Selbstbildes läuft, wie so vieles, unbewusst ab. Das bedeutet jedoch nicht, dass wir darauf keinen Einfluss nehmen können. Im Gegenteil – oftmals genügt es bereits, dass wir achtsam wahrnehmen, wie Gedanken, die wir über uns selbst hegen, entstehen und sich weiterentwickeln, um eine Erkenntnis und in der Folge eine Veränderung herbeizuführen.

Unser Selbstbild ist ein Produkt unserer Gedanken.

Und diese Gedanken können wir jederzeit neu ausrichten. Die Schwierigkeit, die diese Aufgabe mit sich bringt, ist es, eingeprägte Glaubensmuster zu überwinden. Es geht dabei um tief in uns verwurzelte Einstellungen zu dem, wie wir sein *sollten*. Vieles, wie beispielsweise die Floskel »Eigenlob stinkt«, weist darauf hin, dass es sich in unserer Gesellschaft nicht schickt, sich selbst zu loben. Kein Wunder also, dass wir keine Erfahrung damit haben, uns unsere eigene Großartigkeit durch gezieltes Denken immer wieder ins Bewusstsein zu holen. Sich solchen gesellschaftlichen Ansprüchen entgegenzustellen, fällt vielen Menschen nicht leicht. Durch unsere Erziehung oder Aussagen, die wir immer wieder gehört haben, haben wir sie tief verinnerlicht. Diese Prägungen trauen wir uns oft nicht so einfach loszulassen. Was würde dann passieren? Würden wir uns die Verachtung der anderen zuziehen, wenn wir einfach einmal auch zu anderen sagen würden: »Ja, das ist mir wirklich gut gelungen. Das habe ich gut gemacht«? Statt zu sagen: »Na ja, das war gar nicht so schwierig. Andere können das viel besser. Es ist ja nichts Besonderes.«

Ich bin der Überzeugung, dass es uns keine Verachtung einbringt, wenn wir beginnen, positiv über uns selbst zu denken und zu sprechen. Im Gegenteil, ich glaube sogar, dass unser positives Selbstbild andere dazu inspirieren würde, mit sich selbst auch weniger streng ins Gericht zu gehen und öfter einmal die Selbstlob- statt die Selbstkritikbrille aufzusetzen. In den Sparring-Kleingruppen meiner Selbstliebe-Kurse habe ich bereits einige Befragungen gemacht. Unter anderem ergab eine Umfrage, dass Sparring-

Gruppen-Mitglieder, die von Anfang an positiv über sich selbst sprachen, auch andere dazu motivierten, liebevoller, achtsamer und wertschätzender mit sich selbst umzugehen.

Aber natürlich – das ist mir klar – sitzen unsere Glaubensmuster dahingehend tief. Um diese Hürde zu umgehen, greife ich auf einen Bereich zurück, in dem die meisten von uns bereits Erfahrungen mit der positiven Selbstdarstellung gemacht haben: das Berufsleben!

In einem Bewerbungsverfahren sind wir dazu angehalten, uns auf unsere Vorzüge zu konzentrieren. Denk doch mal an dein letztes Bewerbungsschreiben. Bestimmt lassen sich darin einige Begabungen und Fähigkeiten von dir finden. Selten geizen wir im Zuge eines Anschreibens mit unseren Qualitäten und Talenten. Und genau deshalb machen wir uns diesen Bereich in der Übung am Ende des Kapitels gleich zunutze.

Aber damit ist es nicht getan! Noch viel wichtiger als Fähigkeiten und Qualifikationen ist unser eigentlicher Wesenskern. Wie wir uns selbst als Menschen mit all unseren Facetten, Gefühlen und Eigenschaften sehen. Und wie wir von anderen wahrgenommen werden.

Der Ausdruck eines besonders positiven Selbstbildes sind beispielsweise folgende Sätze:

- Ich bin eine wunderschöne und liebenswerte Frau, die nur das Beste verdient hat.
- Ich bin eine Bereicherung für jeden Menschen, der mit mir Zeit verbringt.
- Ich bin eine wunderbare Frau und Partnerin. Oder ein wundervoller Mann und Partner.

Es wäre möglich, dass dir die obigen Sätze überzogen erscheinen. Vielleicht fragst du dich: »Wer ist denn schon so eingebildet und behauptet so etwas von sich selbst?« Falls es dir so ergeht, liegt das vermutlich an den bereits erwähnten Glaubensmustern, die dir nicht erlauben, dich derart wichtig zu nehmen. Schließlich gehört es sich in unserer Gesellschaft einfach nicht, sich selbst großartig zu finden. Nicht umsonst sind wir alle genervt, wenn jemand Tag für Tag seinen Instagram-Account mit Selfies füllt oder auf Facebook jede Einzelheit seines Alltages postet, so als gäbe es auf der Welt nichts Wichtigeres. Und ich gebe zu, ab und an bin auch ich von solchen Leuten genervt, aber immer öfter gelingt es mir, das in mir aufkeimende Gefühl des Fremdschämens als eine Botschaft zu erkennen. Und dann frage ich mich: Nervt mich dieser Post vielleicht deshalb so sehr, weil ich mich selbst niemals so neunmalklug oder megageil darstellen würde und ein anderer sich das schamlos erlaubt?

Dinge, die uns treffen, betreffen uns auch fast immer. Und so kann ein selbstbewusster Mensch im realen Leben oder auf Instagram manchmal ein Botschafter dafür sein, dass es an der Zeit ist, dass du dich selbst auch wieder ein bisschen wichtiger nimmst. Wir gehen an einer späteren Stelle dieses Buches noch genauer darauf ein.

Viel mehr Menschen allerdings sind von der gegenteiligen Art der Selbstwahrnehmung betroffen oder wagen es nicht, positives Selbstfeedback auszusprechen. Gesundes Eigenlob verteilen die meisten äußerst selten. Und das kommt nicht von ungefähr. Schließlich wurde uns schon früh beigebracht, dass Hochmut vor dem Fall kommt und Bescheidenheit eine Tugend ist. Oder kannst du dich erinnern, dass deine Mutter oder dein Vater jemals am gemeinsamen Esstisch saßen und dir davon erzählt haben, was für tolle Menschen sie sind?

Beginne jetzt, dich von den dir auferlegten Selbstbildfesseln zu befreien. Die folgende Übung hilft dir dabei.

Ich lade dich dazu ein, dein Selbstbild – sowohl, was deine Fähigkeiten und Talente betrifft, als auch deine Persönlichkeit – bewusst neu zu gestalten.

Inspiration:

Teil 1 – Positives Selbstbild

Fähigkeiten und Talente: Denk dazu bitte an deine letzte Bewerbung und beginne jetzt gedanklich, deine fachlichen Stärken und positiven Eigenschaften aufzuzählen.

Zum Beispiel: Ich bin zielstrebig, ehrgeizig, zuverlässig, sozial kompetent, kommunikativ, genau, fleißig, kreativ, selbstständig, engagiert, wissbegierig … ich spreche Englisch oder Spanisch, habe ein gutes Sprach- oder Zahlengefühl, ein gutes Auge für Designs, ich habe eine rasche Auffassungsgabe, bin ein strategisches oder organisatorisches Talent, ein guter Zuhörer, ein Teamplayer, ein besonders angenehmer Kollege, ein Verkaufsgenie, technisch versiert …

Da es sich um kein echtes berufliches Bewerbungsschreiben handelt – und es sozusagen Werbung für dich auf ganzer Linie ist –, kannst du noch weitere Fähigkeiten aus dem privaten Bereich ergänzen: Ich bin eine Spitzenköchin, laufe viel und gern, kann nähen, stricken, Löcher flicken, Fingernägel lackieren, mich toll schminken, Tennis spielen, Yoga und so weiter.

Idealerweise greifst du anschließend gleich zu Papier und Stift und notierst dir all diese positiven Qualitäten. Niedergeschrieben können sie sich gleich noch viel besser verankern.

Während es beim ersten Teil dieser Inspiration um deine Fähigkeiten und Talente ging, geht es im zweiten Teil um das positive Bild deiner Persönlichkeit.

Inspiration:

Teil 2 – Persönlichkeit

Dafür habe ich dir ein kleines Reisepaket mitgebracht, welches dir durch seine zeitliche Ferne mehr Gestaltungsfreiheit ermöglicht.

Beame dich sechs Monate, ein oder drei Jahre, je nachdem, was sich für dich besser anfühlt, in die Zukunft und kreiere nun in deiner Vorstellung dein ideales Selbst. Stell dir dabei vor, dass du dann genau so bist, wie du immer sein wolltest. Gestalte das beste Ich, das in deiner Fantasie möglich ist.

Versieh dich mit allen Eigenschaften, positiven Gefühlen und zwischenmenschlichen Fähigkeiten, die du jemals haben wolltest.

Lass dabei die üblichen Begrenzungen der Gegenwart außer Acht!

Die nachfolgenden Fragen können dir dabei helfen, dein ideales Selbstbild zu konkretisieren. Versuche, das Bild dieser großartigen Frau beziehungsweise dieses fabelhaften Mannes in der Zukunft so klar wie möglich in deiner Vorstellung abzurufen, und überlege dir, wie du dich selbst, von außen betrachtet, wahrnehmen würdest. Stell dir folgende Fragen:

- Welche Eigenschaften an mir finde ich besonders anziehend?
- Womit berühre und begeistere ich meine Mitmenschen?
- Was an mir ist besonders liebenswert oder einfach süß?
- Was bewundern andere an mir? Wie sprechen sie über mich?

Nimm dir zur Beantwortung ausreichend Zeit und notiere nach und nach alle Eigenschaften, Fähigkeiten und Talente, die du besitzen wirst. Alle Liebenswürdigkeiten und Begabungen, die du noch stärker leben wirst! Falls es dir schwerfällt, etwas zu finden, möchte ich dir ein paar Anregungen dafür geben:

- Ich bin warmherzig.
- Ich bin selbstbewusst.
- Ich bin sexy.
- Ich habe eine atemberaubende Ausstrahlung
- Mit meiner Herzlichkeit ziehe ich Menschen in meinen Bann.
- Ich bin zielstrebig und erfolgreich.
- Ich bin offen und kommunikativ.
- Ich bin gelassen und voller Ruhe.
- Ich bin intelligent und konsequent.
- Ich bin eine Abenteurerin.
- Ich bin ein Sonnenschein.
- Ich bin eine Bereicherung für meine Mitmenschen

Los geht's! Schreib alles auf und sei möglichst großzügig zu dir selbst!

Um diese Sätze in deinem Bewusstsein zu verankern, gibt es zwei Möglichkeiten: Entweder du setzt dich wie in Schulzeiten über deine Formulierungen und lernst diese fleißig auswendig, oder du wählst den bequemeren Weg und legst dir Schummelzettel an. Diese trägst du idealerweise in deiner Handtasche, Geldbörse und Jackentasche. Jedes Mal, wenn du nun in der Ticketschlange, im Supermarkt oder an der Bushaltestelle wartest, kannst du die Zeit nutzen und auf deinen Schummler spicken. Durch die wiederkehrende Fokussierung erweckst du nach einiger Zeit all jene Eigenschaften zum Leben, die dir derzeit vielleicht noch anmaßend erscheinen.

Wie das funktionieren soll? Zum einen trägst du alle Eigenschaften, die du soeben angelegt hast, in dir. Irgendwann hast du diese Eigenschaften und Fähigkeiten bei anderen erkannt. Das wäre nicht möglich gewesen, wenn du nicht mit ihnen in Resonanz gegangen wärst. Und das wiederum bestätigt, dass es auch in dir einen Anteil für diese Fähigkeiten oder diese Eigenschaften gibt. Du musst dich also nicht zu jemandem verbiegen, der du nicht bist. Du musst diese Eigenschaften und Wesenszüge nur zum Leben erwecken. Und genau dabei hilft dir diese Übung. Von Tag zu Tag wird dir immer mehr bewusst, dass du selbst bereits die beschriebene Traumfrau oder der beschriebene Traummann bist.

Als ich lernte, meinen Hintern zu lieben

Wusstest du, dass rund 90 % der Frauen mit ihrem Körper unzufrieden sind? Egal ob bewusst oder unbewusst, meist begleiten uns Zweifel rund um unseren Körper und unser Aussehen ein Leben lang. Obwohl es sich dabei um unsere bloße Hülle handelt, ist unser Selbstwert maßgeblich davon abhängig, wie attraktiv wir uns selbst fühlen. Im Schnitt sind es 60 % unseres Selbstwertgefühls, die wir Frauen von unserem Aussehen abhängig machen. Und davon kann ich ein Lied singen, denn ich empfand mich mein halbes Leben lang als eine eher unattraktive Frau, weswegen ich verzweifelt versuchte, all meine Mängel, angefangen bei meinen schiefen, hasenähnlichen Zähnen bis hin zu meinem Übergewicht, zu verbergen. Ich wagte es nicht zu lachen und hielt mir, falls es doch einmal passierte, immer meine Hand vor den Mund. Ich trug anstatt Röcke und Blusen Körpersäcke, die vor allem dazu dienten, meinen zu groß geratenen Po zu kaschieren. Ich cremte haufenweise deckendes Make-up auf mein Gesicht, um meine Akne, die mich konsequent über die Jugend hinaus plagte, zu verdecken. Ich bügelte mein gekräuseltes Haar, von dem ich damals noch nicht wusste, dass es durch Kneten zu einer Lockenpracht wird, stundenlang glatt.

Warum aber ließ ich mich von meiner bloßen Hülle so viele Jahre fertigmachen? Wieso machte ich jahrelang meinen nicht perfekten Körper für meine Selbstzweifel, mein Unglück in der Liebe und meine Erfolglosigkeit verantwortlich? Vermutlich aus demselben Grund, aus dem es die meisten von uns tun: Nicht nur die Medien, sondern auch unsere Mitmenschen haben uns über die Jahre gelehrt, welche Vorteile es hat, schön zu sein. Insgeheim glauben sehr viele unter uns, dass schöne Menschen erfolgreicher, glücklicher, beliebter, zufriedener, reicher und sorgloser sind als ihre weniger attraktiven Mitmenschen. Wer diesen Glauben teilt und sich selbst nicht als schön wahrnimmt, der wird dafür gleich doppelt bestraft.

Denke ich, dass Menschen, die den Schönheitsidealen entsprechen, mehr geliebt werden, beliebter und erfolgreicher sind und es leichter im Leben haben? Stell dir diese Frage am besten jetzt einmal ganz bewusst.

Über seine eigenen Makel, Fehler und Macken Bescheid zu wissen, fühlt sich ohnehin schon nicht besonders toll an. Nachdem wir aber unser negatives Selbstbild in Form unseres Verhaltens und unserer Ausstrahlung auch nach außen spiegeln, reagieren unsere Mitmenschen darauf. Ich beispielsweise vermied immer direkten Blickkontakt, weil ich nicht wollte, dass mir jemand zu lange ins Gesicht starrte und dadurch all meine Pickel inspizieren konnte. Mein ausweichender Blick ließ mich in den Augen der Betrachter gleich noch unsicherer erscheinen. Außerdem konnte durch dieses Verhalten nie jemand einen Blick in meine schönen Augen erhaschen. Meine Selbstzweifel in Bezug auf meine Schönheit spiegelte ich so unübersehbar nach außen. Ich fühlte mich unattraktiv, nicht begehrenswert und wertlos. Dementsprechend blieben der berufliche Erfolg so wie das Glück in der Liebe lange Zeit aus.

Kurzum: Wer in unserer Gesellschaft den Anschein erweckt, ein hässliches Entlein zu sein, der wird von anderen genauso behandelt, als wäre er eines.

Um diesem Szenario zu entgehen, hilft nur eines: »Schöner werden!«

Aber ist Schönheit oder Hässlichkeit nicht etwas Naturgegebenes?

Definitiv ja – Schönheit ist etwas Natürliches. Und die Natur ist einzigartig, individuell und vollkommen. *In der Natur gibt es keine Fehler*. Kein Baum gleicht dem anderen, jede Blume ist ein Unikat, und wenn das häufig dreiblättrige Kleeblatt vier Blätter trägt, bezeichnen wir das als einen Glücksfall. Niemals würden wir in den Wald laufen, mit dem Finger auf einen Baum zeigen und sagen: Bäh – bist du schief und krumm. Niemals würden wir einen Bergsee betrachten und sagen: Na du kannst ja nicht mal Wellen machen, so wie das Meer – schäm dich. Niemals kämen wir auf die Idee, das Gänseblümchen auszulachen, nur weil es kleinere Blätter als die Sonnenblumen hat. Wir alle sind Geschöpfe dieser Natur. Wir alle sind Wunderwerke. Niemand von uns ist hässlicher oder schöner. Erst Beurteilungssysteme, erschaffen durch Menschenhand, haben es möglich gemacht, Schönheit zu bewerten. »Nicht schön« gibt es daher gar nicht.

Nichtsdestotrotz gelingt es den meisten unter uns nicht, das in unserer Gesellschaft verbreitete Schönheitsideal einfach auszublenden. Schließlich bestätigen Millionen von Menschen mittlerweile, was als schön gilt und was nicht. Obwohl der Trend Body Positivity hier erste Veränderungsschritte gesetzt hat, ist das Schönheitsideal der letzten Jahrzehnte bei den meisten von uns noch tief im Unterbewusstsein verwurzelt Zwar finden 90 % der Frauen Social-Media-Posts mit Orangenhaut, Zellulite, ein paar Speckfalten und ohne Filter toll, aber der Weg, das Mindset solcher Vorreiterinnen zu erreichen und das »ich bin trotzdem schön« auch in ihrer Gefühlswelt ankommen zu lassen, ist ihnen dennoch unklar. Außerdem ist zu ergänzen, dass noch immer 95 % der TV-Moderatoren, Titel-Magazin-Models, Schauspieler und so weiter die perfekte Figur, das perfekte Lächeln und eine strahlende Haut haben.

Die Realität: Für die meisten Frauen ist das der Grund, warum es ihnen dennoch nicht erspart bleibt, sich diesem

»Bewertungssystem« der Schönheit zu unterziehen. Und nachdem sie unbewusst zum Mitmachen gezwungen werden, ist der Wunsch, ein möglichst gutes Ergebnis zu erzielen, was das Maß der eigenen Schönheit betrifft, auch völlig natürlich Die erschaffenen Ideale können wir aber weder abändern noch sind wir in der Lage dazu, diese neu festzulegen. Deshalb bleibt uns wiederum nur eines übrig: *»Aktiv schöner werden!«*

Vermutlich hast du an dieser Stelle die heilsame Körperakzeptanz erwartet, von der ich beispielsweise in meinen neueren Büchern erzähle. Aber nein – hier gehen wir den Weg vorerst von der Schöpferseite an und schauen, was du aktiv tun kannst.

Die Frage ist also, kannst du schöner werden – auch ohne Schönheitschirurgie? Ja! Davon bin ich überzeugt. Ich selbst habe diese Erfahrung am eigenen Leib gemacht. Wie man innere Schönheit nach außen befördert und sich schon innerhalb weniger Wochen viel attraktiver fühlt, erkläre ich anhand meines 6-Schritte-Mental-Beauty-Programms.

Schritt 1: Wie schön bist du?

Der erste Schritt auf dem Weg, deine eigene Schönheit zu entdecken, besteht darin, dass du dir ihrer bewusst wirst. Ich bin nämlich überzeugt davon, dass vieles an dir bereits wunderschön ist. Leider ist es so wie mit allen Dingen, wir fokussieren uns, auch was unser Aussehen betrifft, immer auf das Negative und die Fehler. Das ändern wir jetzt.

- Die Aufwertung deines Schönheitsempfindens erfolgt natürlich nicht von einem auf den anderen Tag, sondern benötigt Geduld, Vertrauen und ein konkretes Ziel. Eine Skala von 0 bis 10, wobei 0 für »ich bin absolut hässlich« und 10 für »ich bin mega attraktiv« steht, soll dir bei der Zielfindung helfen.
- Wähle nun einen Skalenwert, der nach deiner persönlichen Einschätzung auf dein momentanes Äußeres zutrifft.
- Überlege dir nun, mit welchem Skalenwert du zufrieden wärst. Wo willst du hin? Bedenke dabei, dass du

auch deinen Verstand an Bord holen musst. Wenn du aktuell zum Beispiel auf 2 stehst und dein Ziel eine 10 ist, könnte er dir einen Strich durch die Rechnung machen, weil er das einfach für unmöglich hält. Du würdest dann selbst nicht daran glauben, dass du jemals diesen Wert erreichst. Und wie du schon gelesen hast, ist deine eigene Überzeugung wesentlich für deine Erfolge. Wähle daher ein Schönheitsziel, an dessen Erreichung du gerade noch glauben kannst. Hast du dieses Ziel dann erstmals erreicht, kannst du durchaus noch ein höheres festlegen.

Die im Anschluss angeleitete Übung wird dich dabei unterstützen, deinem persönlichen Ideal näherzukommen.

Inspiration:

Trainiere dein Schönheitsempfinden

Überlege, was an deinem Körper oder deinem Gesicht dir bereits gut gefällt. Augen, Haare, Zähne, Kinn, Zehen, Nase, Fingernägel, Po, Ohren, Bauch – alles ist erlaubt. Mach deinen Lieblingskörperstellen nun ein Kompliment. Zum Beispiel: »Hallo, meine wundervollen Augen, ich finde euch beide wirklich äußerst hübsch.«

Wenn du nach geraumer Zeit alle schönen Körperteile durchhast, integriere auch die Stiefkinder. Das bedeutet, all jene Körperteile, an denen du derzeit noch wenig Gefallen findest. Deine Aussage könnte beispielsweise wie folgt lauten: »Hallo, meine liebenswerten Pobacken, zwar seid ihr etwas groß geraten, aber eure schöne runde Form, die mag ich schon ganz gerne.« Auch wenn du vorerst noch kaum Gefallen an deinem Hintern findest, stärkt die wiederholte Anerkennung den Glauben an deine eigene Attraktivität.

Wiederhole diese Ansprache zu dir selbst immer dann, wenn du das Badezimmer für dich allein hast. Wenn du die Wertschätzungssätze deinem Körper gegenüber regelmäßig wiederholst, wird dein Empfinden deinen Worten folgen und du wirst dich bereits nach wenigen Wochen tatsächlich schöner finden. Das liegt vor allem daran, dass diese Übung deine Akzeptanzfähigkeit stärkt und so Einfluss auf deine Selbstwahrnehmung ausübt. Darüber hinaus wird dir durch die liebevolle Kommunikation mit deinen Köperteilen bewusst, dass deine Nase nicht perfekt gerade und deine Taille keinen Sechziger-Umfang haben muss, um als okay oder sogar schön wahrgenommen zu werden. Babys kommen auch oft völlig zerknittert oder mit Dellen zur Welt, und jeder findet sie süß.

Langfristig können deine Worte übrigens wahrhaft Einfluss auf deinen Körper nehmen. Dieses Phänomen kennen wir aus der Medizin. Wenn jemand daran glaubt, dass ein Medikament positive körperliche Effekte hat, so führt diese Überzeugung tatsächlich häufig zur Heilung. Man nennt das den Placebo-Effekt.

Ähnlich verhielt sich das mit meinem Hintern. Viele Jahre versuchte ich verzweifelt, meinen Hintern mittels Diäten zu schmälern. Weil mir das aber nicht gelang, entschloss ich mich nach Jahren des Kampfes dazu, ihn zu akzeptieren. Wie in der Übung angeleitet, redete ich täglich auf ihn ein. Irgendwann, als ich auf Grund der stetigen Wiederholung der Akzeptanzmantras tatsächlich begann, ihn zu mögen, begann ich schließlich ohne Diät und Hungerkuren abzunehmen und mein bis dahin verhasster

Hintern wurde plötzlich kleiner. Es geschah fast automatisch. Zumindest kam es mir damals, nachdem ich jahrelang gegen mein Gewicht gekämpft hatte, so vor. Heute weiß ich, warum. Essen war für mich lange Zeit ein Verdrängungs- bzw. Verarbeitungstool. Ich aß vor allem allein, wenn ich gekränkt oder frustriert war. Weil ich kein besseres Tool zur Verfügung hatte, das mir die fehlende Liebe und Geborgenheit schenkte, griff ich zu Schokolade und Keksen.

Bis ich schließlich lernte, mich selbst zu lieben – hier sei angemerkt, nicht nur körperlich, sondern gesamtheitlich –, war mein Liebestank voll. Die Lust auf Schokolade und Kekse ließ nach, weil plötzlich immer jemand an meiner Seite war, der mir gut zuredete, wenn ich frustriert war, der bei mir war, wenn ich Gefahr lief, mich einsam oder nicht geliebt zu fühlen. Diese Person war ich selbst. Ich war durch Selbstliebe zu meiner besten Freundin, meiner Fürsprecherin und großen Liebe geworden.

Zuerst war die Selbstliebe
und dann kam die
optische Veränderung.

Schritt 2: Vergiss die Perfektion!

Nun lass uns aber wieder zu dir und dem zweiten Schritt des Mental-Beauty-Programms kommen. Der Wunsch nach Perfektion ist ein gängiger Genosse, der uns oftmals daran hindert, mit uns selbst und unserem Aussehen zufrieden zu sein. Indem wir erkennen, dass »perfekt sein« nicht erstrebenswert ist, klettern wir sehr schnell einen weiteren Schritt nach oben auf unserer persönlichen Schönheitsskala.

Gibt es in deinem Freundes- oder Bekanntenkreis einen perfekten Menschen? Einen, der immer alles »richtig« macht? Wahrscheinlich kannst du die Anzahl dieser an einer Hand abzählen oder die Frage sogar verneinen. Und warum ist das so? *Perfekt zu sein ist einfach nicht sympathisch!* Makellose Menschen erregen in uns das Gefühl von Unzulänglichkeit. Sie weisen uns ungewollt ständig auf unsere eigenen Mankos hin. Nach geraumer Zeit mit solchen Menschen verspüren wir den Drang, uns wieder von ihnen zu lösen oder ihnen zumindest aus dem Weg zu gehen. Möchtest du wirklich ein Mensch sein, den man gerne meidet, weil man sich in seiner Anwesenheit unwohl fühlt?

Macken und Fehler machen
uns nicht nur liebenswert,
sondern auch beliebt!

Eine alte persische Kurzgeschichte, die ich euch mit meinen eigenen Worten nacherzähle, zeigt, dass die Suche nach dem Perfekten, egal ob bei sich selbst oder bei anderen, meist hinderlich ist und uns außerdem kostbare Lebenszeit raubt:

Ein alter Meister saß mit seinen Schülern zusammen. Da wurde ihm eine Frage gestellt: »Meister, wieso bist du denn eigentlich nicht verheiratet?«

Der Meister überlegte sehr lange und antwortete: »Wisst ihr, als junger Mann habe ich mir vorgenommen, ein perfektes Leben zu führen. Also habe ich auch danach gehandelt. Nachdem ich die perfekte Ausbildung absolviert hatte, suchte ich mir die perfekte Arbeitsstelle. Ich perfektionierte mich selbst, indem ich mich stetig fortbildete und mich in allen Lebensbereichen bis zum Höchstmaß disziplinierte. Später kaufte ich mir auch noch das perfekte Haus in der perfekten Umgebung und gelangte schließlich an jenen Punkt, an dem mir nur noch eines fehlte – die perfekte Frau.«

»Und, hast du sie gefunden?«, wollte ein Schüler neugierig wissen.

»Ja, ich habe sie tatsächlich gefunden. Sie war perfekt und ich war überglücklich!«, antwortete der Meister. »Und warum hast du sie nicht geheiratet?«, fragte der Schüler weiter.

Der Meister seufzte: »Das wollte ich, doch sie suchte den perfekten Mann.«

Dazu mein frei erfundener Schlusssatz: Und wenn sie nicht gestorben ist, dann sucht sie noch heute.

Die persische Geschichte zeigt nicht nur, dass Perfektion ein niemals endender Weg ist, sondern beweist auch, dass sich das Streben danach niemals mit Zufriedenheit oder gar Selbstwertschätzung kreuzt. Natürlich beschreibt sie eine übertriebene Art des Perfektionswahns, der den meisten von uns völlig fremd ist. Womöglich gibt es aber dennoch Bereiche deines Äußeren, in denen dir dein Wunsch nach Perfektion die Zufriedenheit mit dir selbst verwehrt. Die folgende Inspiration kann dir dabei helfen, vor deinen eigenen Perfektionswünschen zu flüchten.

Inspiration:

Auch Diamanten haben Ecken und Kanten

Eine Studie der University of Western Australia in Crawley ergab, dass bei der Bewertung von Attraktivität das Gesicht wichtiger ist als der Körper. Aus diesem Grund konzentrieren wir uns bei dieser Übung auf dein Gesicht.

Was in deinem Gesicht hättest du gern perfekter, glatter oder niedlicher? Zum Beispiel: weniger Stirn- oder Halsfalten, eine kleinere Nase, vollere Lippen, keine hängenden Augenlieder und so weiter. Unmittelbar nachdem du dich für etwas entschieden hast, holst du dein Smartphone zur Hand oder setzt dich an deinen PC. Und nun verpasst du dem letzten Rest an Perfektionsdenken, das möglicherweise deine Einstellung zu dir selbst negativ beeinflusst, einen Schock. Suche nach Bildern von Menschen, die durch ihr Streben nach Perfektion anstatt schöner immer unechter und hässlicher wurden. Also nach Menschen, die sich, um ihrem Ziel näher zu kommen, immer wieder unters Messer gelegt haben. Ziel ist es, dass du mindestens drei abschreckende Fotos von Menschen findest, die nach einer oder mehreren Schönheits-OPs in deiner Wahrnehmung eindeutig hässlicher als zuvor geworden sind. Sieh dir die Bilder genau an und präg sie in dein Gedächtnis ein. (Siehe auch Quelle: Süddeutsche Zeitung 17. Mai 2010.)

Anschließend stellst du dich vor den Spiegel, um dein womöglich nicht perfektes, aber so schön authentisches und natürliches Gesicht zu betrachten. Schenk dir nun noch ein Lächeln.

Diese Übung macht dir bewusst, dass Natürlichkeit zwar nicht immer perfekt, aber immer vollkommen ist.

Schritt 3: Du bist einzigartig!

Als Nächstes steht die *Wertschätzung unserer Schönheitsmakel* auf dem Programm. Auf den ersten Blick erscheint diese Aufgabe womöglich schwierig. Schließlich sind es ja unsere Fehler und Mängel, die dazu führen, dass wir uns unzulänglich und nicht schön genug fühlen. Weshalb also sollten wir diesen plötzlich positiv gegenüberstehen oder ihnen sogar dankbar sein?

Folgende Botschaft ermöglicht es dir, deinen Gedanken diesbezüglich eine neue Perspektive aufzuzeigen:

All deine Mankos – egal ob es sich dabei um den Höcker auf der Nase, die Cellulite an den Beinen, den schwabbeligen Bauch oder die schiefen Zähne handelt – sind wesentliche Bestandteile von dir. *Sie machen dich einzigartig!* Sie machen dich zu einem Unikat! In der Kunstbranche zahlt man für solche Werke ein Vermögen.

Stell dir vor, alle Menschen dieser Erde hätten die Möglichkeit, ihrem Drang nach Perfektion nachzukommen, und könnten ihr Äußeres nach freien Wünschen gestalten. Wie würdest du dann gerne aussehen?

Folgende Auswahl erscheint vermutlich – je nach Schönheitsideal für eine Frau – verlockend: Jennifer Lopez' Po, Heidi Klums Maße, Angelina Jolies Lippen, Jessica

Albas Eleganz, Naomi Campbells Teint und das Lächeln von Emma Watson oder Jennifer Aniston – oder wen immer du gut findest.

Wohl oder übel würden wir uns bei der Inanspruchnahme dieser fiktiven Möglichkeit an den aktuellen Schönheitsidealen orientieren. So mag zwar oftmals noch die eine oder andere Vorliebe hinzukommen, aber auch das würde kaum etwas daran ändern, dass wir in einer Welt, in der wir unser Äußeres frei modellieren könnten, alle gleich oder ähnlich aussehen würden. *Unsere Einzigartigkeit ginge damit verloren.* Willst du wirklich ein Kunstwerk gegen das Poster eines Jugendmagazins tauschen? Oder bevorzugst du den Gedanken daran, dass gerade deine »Makel« dich zu einem unbezahlbaren Unikat machen, das es auf Erden nur einmal gibt? Und ja, zu deinen Makeln zählen auch deine möglicherweise schwabbeligen Oberarme und deine Cellulite, ohne die du natürlich dennoch einzigartig wärst. Aber bedenke, dass gerade diese Zeichen der Zeit von deiner persönlichen Geschichte zeugen. Ich selbst bin trotz meines jungen Alters und obwohl man mir das auf den ersten Blick nicht ansieht, übersät von solchen Narben. Mein früheres Übergewicht, unzählige Diäten, die Nebenwirkungen der starken Medikamente, die ich am Anfang meiner Krankheit ausprobiert habe, und meine Inkonsequenz, was regelmäßigen Kraftsport betrifft, haben ihre Spuren hinterlassen. Sie sind der Beweis dafür, wie einzigartig mich gerade meine Erfahrungen und meine Geschichte gemacht haben.

Inspiration:

Fühl dich als Kunstwerk

Mach dir bildhaft bewusst, wie einzigartig du bist, indem du ein Kunstwerk gestaltest.

Die Aussagekraft von Bildern ist um ein Vielfaches stärker als die der Worte. Das Bild eines Apfels beispielsweise verarbeitet dein Gehirn sechzigtausendmal schneller als das geschriebene Wort. Ein Grund mehr, warum du dir diese Fähigkeit auch in Bezug auf die Verankerung deiner Einzigartigkeit zunutze machen solltest. Geh am besten in folgender Reihenfolge vor:

- Such ein paar besondere Fotos von dir aus, auf denen du dir gefällst.
- Überlege dir anhand der Bilder, welche speziellen Eigenschaften, Hobbys oder Leidenschaften dich auszeichnen.
- In Gedanken an diese machst du dich nun über einen Stapel Magazine her. Schneide alle jene Symbole und Bilder aus, die zu dir passen. Zum Beispiel ein Buch, weil du eine Leseratte bist, ein Strandbild, weil du das Meer liebst, eine Kerze, weil du ein Ruhepol bist, ein Herz, weil du immer für deine Freunde da bist, ein Sonnenaufgang, weil du auch schwere Zeiten überstanden hast, und so weiter.
- Gemeinsam mit den Fotos klebst du deine Ausschnitte dann auf ein A3-Blatt, einen Heftumschlag oder verteilst sie auf einer Pinnwand oder Magnettafel.

Durch das gestaltete Kunstwerk hast du immer vor Augen, was dich einzigartig macht. Tagtäglich erinnert dich sein Anblick bewusst oder unbewusst daran, dass dein Inneres genauso einzigartig ist wie dein Äußeres und dich genau das zu einem unbezahlten Unikat macht.

Schritt 4: Pfeif auf Ideale! Richtig betrachtet, siehst du noch besser aus!

Um dem berühmten Zitat »Schönheit liegt im Auge des Betrachters« und seiner Bedeutung für uns auf den Grund zu gehen, inspizieren wir die Betrachter nun mal genauer. Nicht nur Frauen sind betroffen von den Auswirkungen des Schönheitskults unserer Gesellschaft. Auch viele Männer leiden unter Minderwertigkeitsgefühlen und empfinden sich als nicht attraktiv genug. Das wiederum erscheint den meisten Frauen aber weniger verständlich, da sie bei der Auswahl ihrer Partner kaum nach dem gängigen Schönheitsideal vorgehen. Was macht es schon, wenn er ein paar Kilo zu viel und ein kleines Bierbäuchlein hat, wenn er im Gesamtpaket dennoch ansprechend wirkt? Halbglatze, schlaksige Beine, dicke Brille, verkrümmte Zehen und eine zu groß geratene Nase sind für die meisten Frauen keine Ausschlusskriterien. Wieso also sollte es umgekehrt anders sein?

Natürlich spielen hierbei noch weitere Faktoren, wie beispielsweise unsere Urinstinkte, sprich beim Mann der natürliche Trieb zur Fortpflanzung, bei der Frau der Wunsch nach einem Versorger und bis zu einem gewissen Grad auch die modernen Schönheitsideale ihre Rollen. Aber diese Faktoren variieren von Mensch zu Mensch sehr stark. Wesentlich für die Wahrnehmung und Bewertung des Äußeren ist nämlich auch alles, was wir bisher zwischenmenschlich erlebt haben. Diverse Erfahrungen in der Vergangenheit haben unser Urteilsvermögen geprägt.

Wer beispielsweise im Kindergarten von einer als böse wahrgenommenen blonden Tante betreut wurde, der tendiert später vielleicht weniger dazu, eine Blondine als attraktiv zu empfinden. Wer als Kind einen liebenswerten, großen dicken Bruder hatte, der stört sich im Erwachsenenalter wahrscheinlich kaum daran, wenn ein Mensch ein paar Kilo zu viel auf die Waage bringt. Kurzum: Unser Gehirn macht sich ein Bild aus der Vielzahl der Eindrücke, die es in der Vergangenheit gewonnen hat. Dieses Bild prägt dann unsere Vorstellung von Schönheit. Daher ist das Empfinden von Schönheit individuell.

Dadurch wird klar, dass sowohl Männer als auch Frauen bei der Auswahl ihrer Partnerinnen sehr oft nicht nach den klassischen Schönheitsidealen vorgehen. So gibt es Männer, die auf Grund ihrer Prägungen flachbrüstige, kleine, mollige, rothaarige, brünette, zarte oder sportliche Frauen bevorzugen. So manch einer interessiert sich dagegen für all diese Kriterien nicht, weil seine persönlichen Erfahrungen seinen Fokus unbewusst auf andere Körperteile ausrichten. Ebenso gibt es umgekehrt Frauen, deren Geschmack sich nicht an den gängigen Männeridealen orientiert.

Die Augen der Betrachter sind also immer individuell. Zwar mag man häufig vermuten, dass kein Mann Heidi Klum und keine Frau Brad Pitt von der Bettkante stoßen würde, aber das wäre vielleicht nur deshalb so, weil man ihnen bei dieser Vorstellung keine weitere Alternative anbietet. Denn hätten wir die Möglichkeit, uns unseren Traumpartner selbst zu modellieren, so würden wir mit Sicherheit ein Unikat anfertigen, das sich weder auf der Titelseite der Vogue noch im Modekatalog wiederfinden ließe. Und dieses Unikat könntest dann beispielsweise du sein! Nichts spricht dagegen, dass du in den Augen des richtigen Betrachters *die* schönste Frau oder der tollste Mann der Welt bist.

Außerdem bin ich der tiefen Überzeugung, dass wir Menschen, die wir lieben, schöner finden. Zwar habe ich noch keine Studie gefunden, die das bestätigt, aber es gibt einige Beweise des Lebens, die dafürsprechen. Die meisten Kleinkinder finden ihre Mütter, egal wie sie aussehen, wunderschön. Ebenso finden alle Eltern, ganz egal wie ihre Kinder aussehen, diese bezaubernd. Vielen Menschen passiert auch Folgendes: Sie lernen jemanden kennen, den sie vorerst mäßig attraktiv finden. Nach einem guten Gespräch, gemeinsamem Lachen, Tanzen oder was auch immer finden sie ihr Gegenüber plötzlich wahnsinnig attraktiv. Vielleicht kommt dir dieses Beispiel auch aus deinem eigenen Leben bekannt vor.

Kurzum: Nicht der Schönheit wegen lieben wir jemanden, sondern weil wir ihn lieben, finden wir ihn schön.

Inspiration:

Achtung, die Traumfrau/ der Traummann ist los

Stell dir vor, dein Partner oder auch dein zukünftiger Partner empfindet genau dich mit deinem Gesicht, deinen wundervollen Augen, deinen kleinen Fettpölsterchen und Narben als Traumfrau oder Traummann. Wie würde er dein Äußeres dann wohl beschreiben? Sei bei diesem Experiment besonders einfallsreich und stell dir vor, wie seine Augen bei der Beschreibung deines Äußeren strahlen.

Am wirkungsvollsten ist diese Übung, wenn du deine Gedanken niederschreibst. Als kleine Inspiration lasse ich dir ein paar Zeilen da: Ihren Hintern mag ich besonders gern – so schön rund und weiblich. Aber nichts gegen ihre Augen, die so unglaublich viele Geschichten erzählen und auf ihr wundervolles Wesen hindeuten. Und dann sind da noch ihre Hände, so gepflegt, weich und elegant. Am liebsten hab ich übrigens ihren Mund. Nicht etwa, weil er so prall und aufgeblasen ist wie bei Jolie, sondern weil ihr hübsches Lächeln auch mich dazu bewegt zu lachen …

Wenn du dich bei dieser Übung so richtig gehen lässt, wird sich nicht nur ein Lächeln auf deinen Lippen bilden, sondern sich auch deine körperliche Selbstwahrnehmung positiv verändern.

Schritt 5: Dankbarkeit – dank dich schön!

Dankbarkeit unserem Körper gegenüber stärkt nicht nur das Immunsystem, sondern steigert auch den Wohlfühlfaktor. Überleg doch mal, was du schon alles mit deinem Körper erlebt oder durchgestanden hast. Täglich tragen dich deine Beine in die Arbeit. Täglich bewältigst du mit deinen Händen viele Aufgaben. Täglich kommunizierst du mit deinen Lippen und deiner Mimik mit vielen Menschen. Was hast du dadurch schon alles erreicht? Was hast du bereits geschafft?

Vielleicht sitzt du gerade in deiner Wohnung oder in deinem Haus. Dann sieh dich gleich einmal um und stell fest, was dein tüchtiger Körper hier alles für dich erschaffen hat. Bedenke auch die sportlichen und kreativen Leistungen, die du bereits erbracht hast. Ob laufen, wandern, inlineskaten, spazieren, Schi fahren, schwimmen, Bilder malen, fotografieren, schreiben oder basteln, nur durch die Unterstützung deines Körpers bist du dazu in der Lage, all diese wundervollen Tätigkeiten auszuüben. Ist es da nicht einmal an der Zeit, *»Danke«* zu sagen und ihn liebevoll zu umarmen?

Inspiration:

Was tut dir gut?

Nutze den heutigen Tag und drücke deinem Körper Wertschätzung aus, indem du ihn besonders gut behandelst. Was würde deinem fleißigen Begleiter guttun? Ein heißes Bad, eine Extraportion Bodylotion, eine Gesichts- oder Handmaske, eine Tasse Entspannungstee, ein Waldspaziergang, eine Massage oder ein richtig feines Abendessen mit frischen Zutaten?

Wenn du magst, kannst du dir außerdem überlegen, was deinem Körper langfristig besonders guttun würde. Weniger Fleisch essen, Rückentraining, regelmäßiger an die frische Luft gehen, eine Wärme- oder Lichttherapie, eine Woche Basenfasten, chinesische Kräutertees zur Stärkung des Immunsystems, früher ins Bett gehen und ausschlafen, regelmäßige Entspannungseinheiten, Dehnübungen, warmer Brei statt Toastbrot zum Frühstück, und so weiter.

Schritt 6: Liebe muss nicht schön sein

Wie eingangs schon erwähnt, habe ich bei der Überarbeitung dieses Buches versucht, nicht allzu viel am Ursprungswerk zu verändern. Aber an dieser Stelle möchte ich mich doch revidieren. Der sechste Schritt in meinem mentalen Beauty-Programm war bei der Erstauflage »Aktiv schöner werden«. Es ging dabei darum herauszufinden, welche Bereiche deiner Schönheit du aktiv beeinflussen kannst. Du kannst beispielsweise eine Farb- und Stilberatung machen, deine Ernährung umstellen, um strahlendere Haut zu bekommen oder um ein paar Kilo abzunehmen, Sport betreiben, um dein Gewebe zu straffen, Microblading oder Permanant-Make-up probieren und vieles mehr. Und alles davon ist völlig legitim.

Es ist dein Körper - dein Kunstwerk - du darfst ihn gestalten und verschönern.

Aber es ist auch völlig in Ordnung, wenn du das nicht tust und den Abstand zum gängigen Schönheitsideal erweiterst. Viel wichtiger ist nämlich, dass du begreifst, dass du dich nicht zu 100 % schön finden und fühlen musst, um dich selbst zu lieben.

Klar ist es leichter, etwas Schönes zu lieben als etwas, das man weniger schön findet. Daher ist es auch hilfreich, die vorigen fünf Schritte tatsächlich auszuprobieren und dein Schönheitsempfinden zu erhöhen. Aber du bist – genauso wie ich und jeder andere Mensch – in der Lage, Menschen zu lieben, die nicht wunderschön und nicht perfekt sind. Du tust es vermutlich sogar schon. Du liebst deine Eltern, egal, ob sie Nasenhaare, Falten oder eine Halbglatze habe. Du liebst deine beste Freundin, egal ob sie Akne, Segelohren oder hängende Augenlider hat. Du liebst dein Kind oder deine Neffen – ganz egal, welche Makel sie haben. Warum also solltest du dann nicht auch dich mit all deinen Makeln lieben können.

Yes, you can! Und du bist auf dem richtigen Weg dahin! Geh ihn weiter und nutze zur Unterstützung das folgende Inspirationstool:

Inspiration:

Liebe trotz Makel

Nutze die folgenden Sätze, die du immer wieder notierst oder laut oder in Gedanken vorsagst:

- Mein Körper ist mein Freund – er muss nicht perfekt sein – ich darf ihn trotzdem lieben.
- Egal wie ich heute aussehe – ich bin und bleibe liebenswert.
- Ich bin ein Wunderwerk der Natur – fehlerhaft und unbezahlbar.
- Ich bin von Kopf bis Fuß liebenswert.
- Mein Körper verdient meine Liebe.

Glücklich sein – das kannst du lernen

Glücklich sein – ja, das wünschen wir uns alle. Aber bevor wir in der Lage sind, unser Glück mit beiden Händen zu fassen, ist es wichtig zu verstehen, dass Glück wenig mit glücklichen Zufällen zu tun hat, sondern vielmehr damit, wie wir mit den schönen und hässlichen Zufällen des Lebens umgehen.

Was ich damit meine? Um das zu verdeutlichen, folgt eine kurze Erzählung aus meinem Leben, die dir vielleicht bekannt vorkommt. Wenn ich zu meinem Partner sage: »Hey, Schatz – ich würde gerne Samstagabend nach dem Essen eine Weinflasche trinken und stundenlang reden«, dann spüre ich regelrecht, wie sich mein Partner, der ein paar Meter von mir entfernt steht, verspannt. »Was habe ich falsch gemacht? Oh mein Gott, mehrere Stunden reden, das schaff ich nicht. Wo ist der Fluchtweg?«, könnten seine Gedanken auf meinen Vorschlag lauten. Das heißt, etwas, das mich glücklich macht, löst in ihm Stress aus.

Wäre die Situation umgekehrt, würde mich ein angenehmes Gefühl der Entspannung und Vorfreude überkommen. Wie kann das sein? Wir erleben dieselbe Situation und bei dem einen löst sie Stress, Frust oder gar Fluchtgefühle aus und beim anderen positive Emotionen. Der Grund dafür ist unsere Interpretation beziehungsweise Bewertung der Situation oder, kurz gesagt, unsere Einstellung zu bestimmen Themen. Und so zeigt uns dieses Beispiel: Glück ist individuell und dennoch können wir es beeinflussen, indem wir unsere Bewertungen und unsere Gedanken verändern. Denn der Vorbote von negativen und auch positiven Gefühlen ist immer der Gedanke. Und der Boss deiner Gedanken, der bist du selbst.

Ich gebe zu, bei rund 70.000 Gedanken pro Tag wird es dir nicht immer gelingen, jeden einzelnen positiv zu beeinflussen, aber das ist auch nicht notwendig. Wir müssen gar keine toxischen Positiv-Denker werden, um unser Glück zu finden. Es genügt, wenn wir die sich wiederholenden Miesepeter in unserer Gedankenwelt entlarven und bewusst immer wieder ein paar Gedanken säen, die uns mit Vorfreude, Energie und Entspannung erfüllen. Einmal mehr wurde mir diese Tatsache bewusst, als ich 2014 plötzlich erkrankte. Obwohl ich kaum Kraft hatte, um positive Gedanken bewusst zu säen, rappelte ich mich trotzdem auf, weil ich wusste, dass dies langfristig der Ausweg aus dem Schmerz- und Depressionsgefängnis sein würde. Und ich gebe zu, gerade anfangs war das nicht einfach. Aber mein Glückstraining wurde belohnt.

Durch unterschiedliche Interventionen setzte ich mit der Zeit einen Cocktail an Glücksgefühlen frei, der sich positiv auf meinen Körper auswirkte. Nach circa drei Monaten wurden die Schmerzen sanfter. Aber nicht nur auf den Körper haben Endorphine und ihre Verwandten positive Auswirkungen. Sie sind wichtige Indikatoren für unsere Lebenszufriedenheit, für unser Energiesystem und wunderbares Düngemittel für die Selbstliebe.

Meine bewährtesten Glücksrezepte habe ich in den folgenden Kapiteln verpackt. Los geht's – lass deine Glückshormone tanzen!

Glücksdünger I – dich selbst motivieren

Der motivierte Mensch – für viele stellt er ein ungelöstes Rätsel dar. Er wacht, bereits zehn Minuten bevor morgens der Wecker läutet, auf, springt aus dem Bett und zieht sich mit jeder Menge Vorfreude seine Sportklamotten über, um anschließend seine Morgenrunde zu drehen. Nach einem langen Arbeitstag fühlt er sich anstatt ausgelaugt erfüllt und energiegeladen. Nun hat er Zeit für seine liebsten Hobbys und Leidenschaften oder trifft sich zum bereichernden Austausch mit Freunden. Auf andere Menschen wirkt der Motivierte meist lebensfroh, dynamisch und attraktiv. Oftmals wird vermutet, sein Tag habe mindestens doppelt so viele Stunden wie der eigene. Ansonsten würden sich ja all seine Aktivitäten darin nicht unterbringen lassen.

Natürlich ist das aber nicht so. Ein intrinsisch motivierter Mensch bewältigt deshalb eine Vielzahl an Tätigkeiten, weil er in seinem Tun einen tieferen Sinn erkennt oder dabei Entspannung und Freude erfährt.

Während die meisten unter uns die großen Lebensziele, wie beispielsweise das Absolvieren einer Ausbildung, Erfolg im Beruf, die erfüllte Partnerschaft, die Gründung einer Familie und den Erwerb von Eigentum, stetig vor Augen haben, mangelt es uns im täglichen Tun oft an dementsprechenden Bestrebungen. Der innere Schweinehund meldet sich immer dann sehr schnell, wenn wir eine neue Idee der Freizeitgestaltung, Weiterbildung oder sportlichen Betätigung aufschnappen. »Was soll denn das jetzt bringen? So viel Aufwand! So anstrengend! Ach nein, machen wir es uns doch lieber wie immer auf der Couch gemütlich. Das bringt ja alles eh nichts.« Weil wir gerne mit möglichst wenig Aufwand viel erreichen wollen und uns eine neue Betätigung oder ein Abenteuer oft anstrengend erscheinen, wir aber noch nicht wissen, ob diese überhaupt einen positiven Effekt mit sich bringen, neigen wir dazu, es uns mit dem Schweinehund gemütlich zu machen. Und so warten viele geduldig zu Hause auf der Couch darauf, bis die Erfüllung ihrer großen Wünsche endlich stattfindet, damit sich ihr Leben zum Positiven wandelt. Dabei lassen sie allerdings wertvolle Lebenszeit verstreichen. Wer nicht länger warten, sondern heute schon das Glück buchen möchte, der lässt seinen inneren Schweinehund am besten allein auf der Couch zurück und wird selbst zum Gestalter. Aber wie?

Indem du für Motivation sorgst. Dazu ist es wichtig, Folgendes über Motivation zu wissen:

1. Sie kommt mit dem Tun. Bestimmt kennst du das. Du hast dir vorgenommen, dreimal pro Woche eine Runde zu laufen. Heute ist es wieder so weit, aber du hast keine Lust. »Poah, ich möchte mich jetzt nicht anstrengen, jammert der innere Schweinehund. Dein Gehirn unterstützt ihn dabei. Es möchte nämlich lieber das tun, was es immer tut, zum Beispiel vor der Glotze sitzen. Das spart nämlich Energie. Aber dann fällt dir ein, dass du der Boss hier bist, und du rappelst dich mit folgender Brücke doch noch auf: »Okay, dann laufe ich eben, aber nur 15 Minuten!« Nach 15 Minuten Laufen denkst du dir: »Hey, geht doch gar nicht so schlecht. Das fühlt sich gut an.« Also läufst du weiter. Deine Motivation steigt und schließlich werden 30 oder sogar 45 Minuten daraus. Trotzdem loslegen ist also im Hinblick auf unser Motivationswachstum ein absoluter Turbo.
2. Motivation entsteht immer dann, wenn dir eine Tätigkeit mehr Energie gibt, als sie dir nimmt. Das bedeutet, du solltest vor allem in deiner Freizeit dafür sorgen, dass du Dinge planst und unternimmst, die dir mehr Energie schenken, als sie dir nehmen. Die folgenden beiden Fragen können dir dabei helfen, dein Leben entsprechend umzukrempeln:

Welche Tätigkeiten nehmen mir mehr Energie, als sie mir geben? Welche Tätigkeiten geben mir mehr Energie, als sie mir nehmen?

3. Motivation liebt Neues. Bestimmt kennst du das – wenn ein neuer Mensch in dein Leben tritt, bist du Feuer und Flamme. Es ist so spannend, ihn und all seine Facetten kennenzulernen. Nach ein paar Monaten nimmt diese Faszination wieder etwas ab. Weil man aber nicht alle paar Monate die Menschen an seiner Seite austauschen sollte, empfiehlt es sich, diese Faszination des Neuen durch kleine und große neue Abenteuer in sein Leben einzuladen. Kurzum: Probiere neue Dinge aus. Erstelle und erarbeite eine »Das-will-ich-erleben-Liste an«. Genau dazu habe ich dir eine kunterbunte Motivationsliste mitgebracht, auf der du kreative, verrückte, abenteuerliche, sinnvolle oder sinnlose Inspirationen für Unternehmungen aller Art findest.

Inspiration: Lebe verrückt und abenteuerlich

Ich lade dich herzlich dazu ein, dich zu fragen, was von dieser Liste du unbedingt mindestens einmal in deinem Leben ausprobiert haben möchtest. Wähle dafür mindestens zehn Punkte aus, die du in den nächsten Wochen oder Monaten erledigen beziehungsweise erleben möchtest. Natürlich werden dir auf Grund deiner Vorlieben und Interessen einige Unternehmungen mehr und andere weniger zusagen. Denk hier aber bitte auch an den Turbo – Faszination des Neuen – und überwinde dich auch, die eine oder andere Sache auszuprobieren, die auf den ersten Blick vielleicht weniger gut zu dir passt. Los geht's. Schnapp dir einen Textmarker und streiche an, was dich anspricht, oder schreib dir die Ideen in ein Notizbuch.

- Karussell fahren
- verrückte Bilder in einer Fotokabine machen
- allein verreisen
- auf ein Rock-Festival gehen
- eine alte Freundschaft wiederaufleben lassen
- eine ganze Nacht durchtanzen
- ein Brautkleid anprobieren
- ein Gedicht schreiben
- Paragleiten/Fallschirm springen/Bungee-Jumping
- zum Shoppen nach New York fliegen
- einen fremden Mann/eine fremde Frau auf der Straße anlächeln
- eine Woche auf Internet und Handy verzichten

- Achterbahn fahren
- von einer Wahrsagerin die Zukunft vorhersagen lassen
- eine neue Sprache lernen
- Blut spenden
- sich für eine gute Sache einsetzen (ehrenamtlich arbeiten)
- ein Wochenende schweigend verbringen
- eine Zeit lang im Ausland leben
- eine neue Sportart erlernen
- eine Oper besuchen
- in einer Karaoke-Bar singen
- ein neues Instrument lernen
- ein Blind Date haben
- einen Tanz- oder Aerobic-Kurs belegen
- eine Probefahrt mit deinem Traumauto machen
- ganz früh aufstehen, um den Sonnenaufgang zu sehen
- einen Baum pflanzen
- einer fremden Person einen Kaffee bezahlen
- Kekse backen
- eine Fahrt mit dem Heißluftballon unternehmen
- einen Berg besteigen
- ein Fünf-Gänge-Menü im Dunklen essen
- tauchen oder schnorcheln
- einen Liebesbrief an deine Eltern schreiben, um ihnen zu danken
- einen Blumenstrauß für dich selbst kaufen
- mit Delfinen schwimmen
- eine Tüte Popcorn und ein gutes Buch an einem Abend verschlingen
- den Schiefen Turm von Pisa besuchen

- Boot fahren
- einen Stern verschenken
- ein Bad bei Kerzenlicht nehmen
- eine Sprach- oder Sportreise unternehmen
- eine Sightseeingtour durch die Heimatstadt machen
- einen Baum umarmen
- eine Mottoparty schmeißen
- eine Sportveranstaltung im Stadion besuchen
- eigenes Gemüse züchten
- ein Picknick machen
- unter freiem Himmel oder im Zelt schlafen
- einen Champagnerrausch haben
- pokern, bei einem Pferderennen wetten oder ins Casino gehen
- einen Schneemann bauen
- den Geburtsort deiner Vorfahren besuchen
- einen Kuchen oder Brot backen
- nachts am Strand spazieren gehen
- eine Kuh melken
- einen ganzen Tag lang einfach nur im Bett liegen
- ein Fotoshooting machen
- im Regen tanzen
- ein Autokino besuchen
- die Biografie eines Menschen, den du bewunderst, lesen
- Wildwasser-Rafting
- auf einem Pferd reiten
- einen Kochkurs machen
- noch einmal zur Schule gehen, eine Weiterbildung absolvieren

- ein Bild malen
- Tagebuch schreiben
- einen Ausflug mit deinen Großeltern unternehmen
- Marmelade einkochen
- Las Vegas besuchen
- spontan ins Ausland fliegen (Last Minute)
- ein Seminar besuchen
- ein Kinderspielzeug kaufen und damit spielen
- etwas Nützliches basteln (Schmuckschatulle, Schmuckpinnwand, Dekoration)
- Speed-Dating
- den Jakobsweg gehen
- Dessous kaufen
- eine Geschichte oder deine eigene Geschichte aufschreiben
- fotografieren erlernen/an einem Kurs teilnehmen
- einen Cocktailshaker kaufen, einen neuen Cocktail erfinden und Freunde einladen
- Silvester in der Ferne verbringen
- eine Wunsch- oder Dankbarkeitscollage gestalten
- eine Kreuzfahrt machen
- Body Painting
- Motorrad fahren
- einen Nebenjob suchen
- ein Milchbad mit Honig nehmen
- ein Wellnesswochenende mit einer Freundin/einem Freund verbringen
- ein Kleid selbst schneidern
- eine Fastenkur machen
- Schlittschuh laufen

- an einer Weinverkostung teilnehmen
- ein Theater besuchen
- dich umstylen lassen

Nun bleibt nur noch eine Frage offen: Wann solltest du damit beginnen?

Jetzt! – Denn wenn nicht jetzt, wann dann?

Glücksdünger II – Dankbarkeit leben und Fülle erschaffen

Immer dann, wenn es mir selbst schwerfällt, mein Glück im Hier und Jetzt zu finden, denke ich an meine Freundin Marion. Bei ihr beobachtete ich vor einiger Zeit ein in unserer Gesellschaft weit verbreitetes Verhaltensphänomen. Dieses führte mich zu einer interessanten Erkenntnis, die mich seither häufig dabei unterstützt, meinen Zufriedenheitspegel im Nu anzuheben.

Marion lebt in einem Häuschen am Stadtrand. Das Eigenheim mit Garten, Sonnenterrasse und Swimmingpool entspricht genau ihren Wünschen. Ihr Verlobter David hat ihr vor wenigen Monaten einen Heiratsantrag über den Dächern der Stadt gemacht.

David ist ein einfühlsamer, bodenständiger und gut aussehender Mann, der seine Marion gerne verwöhnt. Er teilt mit ihr die Leidenschaft des Reisens, bekocht sie, macht ihr Komplimente und streichelt sie in den Schlaf. Auch beruflich hat Marion einen Volltreffer gelandet. Als Chefredakteurin eines Onlinemagazins hat sie sich ihren Karrieretraum verwirklicht. Ein ansehnliches Einkommen ermöglicht es ihr, mehrmals im Jahr ferne Länder zu bereisen und ihren Hobbys, wie beispielsweise dem Segeln, nachzugehen. Außerdem gibt es in Marions Leben viele langjährige Freunde, auf die sie sich immer verlassen kann. Auch mit ihrem Körper ist Marion großteils zufrieden. Sie achtet auf ihre Ernährung und schafft es seit einiger Zeit, regelmäßig Sport zu betreiben. Eine ihrer Lieblingssportarten ist das Rennradfahren. Seit Jahresbeginn verfolgt sie das Ziel, an einem Radrennen teilzunehmen. Mehrmals wöchentlich trainiert sie für das anstehende Wettrennen.

Warum ich dir so viel über Marion erzähle? Ich möchte dabei anschaulich aufzeigen, dass Marions Leben in sehr vielen Bereichen sehr gut läuft. Vielleicht sogar übertrieben gut.

Vor Kurzem geschah nun Folgendes: Marion suchte mit erhöhter Temperatur und triefender Nase ihren Arzt auf. In Anbetracht einer beharrlichen Verkühlung verordnete ihr dieser vorerst Bettruhe. Ihr Traum vom Radrennen, das bereits wenige Tage darauf stattfinden sollte, zerplatzte. Niedergeschmettert ließ sie ihren trübseligen Gedanken freien Lauf: »Wieso nur? Warum bloß habe ich so ein Pech? Immer muss das mir passieren. All die Mühen umsonst. Mir ist echt nichts vergönnt!«

Zwei Tage nach der Diagnose rief ich Marion an, um mich nach ihrem Wohl zu erkundigen. Detailgetreu erläuterte sie mir die Einzelheiten ihres ihrer Wahrnehmung nach katastrophalen Lebens. Abgesehen von ihrem Ärger darüber, dass sie an dem Radrennen nicht teilnehmen konnte, belastete sie nun auch noch der Umbaulärm im Nachbarhaus, die angeblichen zwei Kilo, die sie jetzt, weil sie ja nur herumliegen konnte, bereits zugenommen hatte und die eventuelle Nachrede ihrer Kollegen, weil sie krankgeschrieben war. Vereinnahmt von ihrem Fokus auf all diese negativen Dinge geriet sie in einen Zustand der völligen Unzufriedenheit und Frustration. Negative Gedanken ziehen bekanntlich immer mehr negative Gedanken und Interpretationen an.

Versuchen wir nun, Marions Situation objektiv zu beurteilen: Haus, Verlobter, Job, Freunde, Familie, Reisen und Sport bilden die Hauptfaktoren für ihr Lebensglück. Fast alle Bereiche sind erfüllt. Stellt man die einzelnen Komponenten als Tortenstück dar, so wird schnell ersichtlich, dass mindestens neunzig Prozent von Marions Lebenstorte Anlass zum Glücklichsein bieten. Lediglich zehn Prozent laufen momentan nicht rund. Was aber tut Marion?

Sie verhält sich wie die meisten von uns und fokussiert sich unbewusst auf die kleinen negativen Bereiche in ihrem Leben. Würde Marion an all die positiven Dinge denken, so würde sie sich prompt besser fühlen. Nachdem unsere psychische Verfassung direkte Auswirkungen auf unseren körperlichen Zustand hat, würde sie damit vermutlich auch ihre Genesung ankurbeln.

Um meinen theoretischen Ansatz zu überprüfen, nimmst du am besten gleich an dem im Anschluss zur Verfügung stehenden Experiment teil.

Kaum jemand ist mit allen Bereichen seines Lebens vollkommen zufrieden. Und das ist auch in Ordnung so – solange wir den klaren Blick auf all das Gute, das trotzdem in unserem Leben vorhanden ist, nicht verlieren. Bei einer detailgetreuen Bestandsaufnahme erkennen wir häufig, dass es bereits so einiges in unserem Leben gibt, das Anlass zu Freude, Stolz oder Dankbarkeit bietet. Auch dann, wenn wir nicht so ein perfektes Bilderbuchleben wie Marion führen. Richten wir unseren Fokus vermehrt auf jene Bereiche, die gut laufen, so gewöhnen wir uns an die Fülle des Lebens. Unausweichlich ziehen wir dadurch, wie ein

Magnet, noch mehr Fülle in unser Leben. Das Fülle-Prinzip tritt hier in Kraft:

- Erfolgreiche Menschen erzielen immer mehr Erfolge.
- Lachende Menschen treffen immer und überall auf Personen, die sich ebenfalls des Lebens erfreuen.
- Glückliche Menschen erleben ständig Dinge, die sie glücklich machen.

Bleiben wir hingegen mit unserem Fokus am Mangel hängen, so vermehrt sich dieser. Bestimmt kommt dir das eine oder andere Beispiel bekannt vor.

- Menschen, die ständig jammern, dass sie krank sind, oder befürchten, krank zu werden, sind dann auch tatsächlich häufiger krank als der Durchschnitt.
- Menschen, die ständig über ihr Pech im Leben klagen, sind tatsächlich häufig von unglücklichen Zufällen betroffen.
- Menschen, die immer über Geldmangel klagen, verdienen oft weniger als andere und müssen überdurchschnittlich oft spontan Geld für Reparaturen oder andere Verpflichtungen aufbringen.

Alles bloß Zufälle? Nein – definitiv nicht. Unsere Gedanken sind stärker und kraftvoller, als wir denken – vor allem jene, die entscheiden, ob wir in Fülle oder im Mangel leben. Sie beeinflussen unser Handeln, unsere Ausstrahlung, unsere Entscheidungen und Taten. Liegt unser Gedankenfokus stets auf dem Mangel, so tun wir unbewusst alles Mögliche dafür, um im Mangel zu blieben. Schließlich können wir, wie bereits erwähnt, nicht jeden unserer Gedanken kontrollieren.

Das Fülleprinzip sorgt dafür, dass derjenige, der sich reich fühlt, tatsächlich mit Reichtum versorgt wird. Egal, ob es sich dabei um den Reichtum an Liebe, Geld oder Gesundheit handelt.

»Das Glück des Lebens hängt von der Beschaffenheit deiner Gedanken ab. Und unser Leben ist das Produkt unserer Gedanken«, sagte bereits Mark Aurel. Dieser Zusammenhang beweist sich nicht nur in den kleinen, alltäglichen Dingen des Lebens. Er zeigt sich auch in anderen für uns prioritären Bereichen. Beruflicher und privater Erfolg, eine erfüllte Partnerschaft sowie die liebevolle Beziehung zu uns selbst und zu unseren Mitmenschen sind maßgeblich davon abhängig, worauf wir unsere Aufmerksamkeit richten.

Inspiration:

Lebensliebe

Was in deinem Leben läuft gut?

Probiere am besten gleich selbst aus, was mit deinem Gemütszustand und in Folge mit den Ereignissen in deinem Leben passiert, wenn du dich auf die positiven Bereiche ausrichtest.

Liste all jene Gegebenheiten, Zustände und Besitztümer auf, die dich zufrieden oder dankbar stimmen. Achte dabei insbesondere auch auf Details sowie auf die kleinen Freuden des Lebens. Hier sind einige Fragen, die dich dabei unterstützen. Beantworte sie am besten schriftlich, damit du die Füllegedanken besser abspeicherst.

- Ich: Womit bin ich zufrieden? Worauf bin ich stolz? Was mag ich an mir? Was sind meine Talente und Fähigkeiten? Welche zwischenmenschlichen Stärken besitze ich?
- Soziale Kontakte/Freunde: Wer sind meine Freunde? Wer schätzt mich? Wer ist für mich da und hört mir zu? Für welche Menschen in meinem Leben bin ich besonders dankbar?
- Familie: Was schätze ich an meiner Familie? Wer ist besonders wichtig für mich? Wie bestärken diese Familienmitglieder mich?
- Job: Was an meinen Job mag ich? Einzelne Tätigkeiten, meine Kollegen, meine Kunden, meinen Arbeitsplatz, mein Gehalt ...
- Heim: Was gefällt mir an meinem Zuhause? Für welche Gegebenheiten bin ich dankbar?

- Hobbys: Welche Hobbys übe ich aus? Was mache ich besonders gerne in meiner Freizeit?
- Materielles: Was besitze ich? Was kann ich mir leisten?
- Ziele und Wünsche: Welche Ziele, die mich mit Freude und Motivation versorgen, verfolge ich? Welche Möglichkeiten bietet mir das Leben?

Sollen Liebe, Glück, Reichtum und Erfolg auch zu deinen Begleitern werden, so lenke deine Gedanken immer wieder auf die bereits vorhandene Fülle in deinem Leben!

Glücksdünger III – lade das Lachen in dein Leben ein

Gut dreißig Jahre hat es gedauert, bis ich feststellte, dass ich Humor habe! Aber war mir Humor besonders wichtig? Nein, eigentlich nicht, denn ich bin ein sehr tiefgründiger Mensch und verband Witze und Spaß häufig mit oberflächlichem »Blablabla«. Während sich meine Freunde bei diversen Comedy-Streifen vor lauter Lachen ihre Bäuche hielten, runzelte ich meine Stirn und fragte mich, was mit mir und meinen Humor nicht stimmte.

Dass ich doch nicht ganz ohne Humor bin und welche Bedeutung das Lachen für mich, meinen Körper, mein Selbstvertrauen und mein Glück hat, fand ich erst vor ein paar Jahren heraus. Als meine Schmerzkrankheit im Sommer 2015 ihren Höhepunkt erreichte, gab es für mich kaum einen Anlass zum Lachen. Meine gesamten Gedanken drehten sich einzig und allein um die Krankheit sowie um die Trauer darüber, mein einst so schönes Leben durch sie verloren zu haben. Paradoxerweise traf ich genau in dieser Phase erstmals auf die heilsame Wirkung des Lachens.

Im Rahmen meiner Ausbildung zur Mentaltrainerin lernte ich an einem Samstagabend die Entspannungsmethode des Lachyogas kennen. Natürlich fand ich diese im ersten Moment total blöd! Wer nicht? Weil es aber nun mal zur Ausbildung gehörte, verhielt ich mich wie alle anderen Teilnehmer und machte mit. Die Lacheinheit endete damit, dass einige meiner Kollegen und ich am Boden lagen und uns vor Lachen krümmten. Während ich nach

Luft schnappte und jede Zelle meines Körpers vibrierte, vergaß ich für einige Sekunden den großen Schatten, der durch meine Krankheit stets über mir schwebte.

Die heilsame Wirkung des Lachens geriet nach diesem Erlebnis leider schon bald wieder in Vergessenheit. Ich hielt es wohl für einen Zufall, dass es mir gerade am Tag des Lachyoga-Experimentes besser ging. Mein Fokus richtete sich daher wieder auf meine Krankheit, die mir keinen Grund zum Lachen gab.

Es musste beinahe ein weiteres Jahr vergehen, bis ich es wieder wagte, in meiner noch immer schwierigen und beschränkenden Lebenssituation öfter zu lachen. Diesmal schlich sich das Lachen ganz heimlich in mein Leben. In dieser Zeit hatte ich, weil ich meinen Job aufgeben musste, kaum Verpflichtungen und so lebte ich oft einfach in den Tag hinein, traf mich mit Freunden und unternahm trotz meiner Schmerzen häufiger lustige Dinge.

Dass sich das Lachen heimlich in mein Leben geschlichen hatte, bemerkte ich vorerst gar nicht. Im Laufe der Zeit aber wurde ich zu einer richtigen Lachnummer. Meine lustigen Sonnenbrillen sowie mein pinkfarbener Plüschbademantel waren damals meine Markenzeichen und ich lachte regemäßig über mich selbst. Unbewusst suchte ich nach Gründen, die mich zum Lachen brachten. Das heißt, ich umgab mich mit Menschen, die selbst viel lachten, denn wie bekannt ist lachen ansteckend. Ich kreierte meine eigenen Witze und bekam dann zum Beispiel jedes Mal, wenn ich ein Baufahrzeug sah, einen wahnsinnigen Lachanfall, weil mich diese an ein Ereignis mit einer Freundin erinnerten, bei dem wir gut zwanzig Minuten unkontrolliert lachten, bis uns der Bauch wehtat.

Manchmal fragte ich mich natürlich, wie es möglich war, dass ich trotz dieser Schmerzen so viel lachte wie noch nie zuvor in meinem Leben. Die Antwort erhielt ich, als ich auf Grund meiner Krankheit 2017 einige Wochen stationär in einer Schmerzklinik verbrachte. Dort war ich nicht die Einzige, die mit permanenten Beschwerden zu kämpfen hatte. Und dennoch war die Lachquote höher als an jedem anderen Ort, an dem ich je gewesen war. Wir lachten über Versprecher, über unsere Eigenheiten und Marotten, über die Dinge, die nicht funktionierten und uns eigentlich hätten ärgern sollen, und manchmal sogar über unsere Beschwerden. Ja, ich denke, ab und an benötigt man eine Portion Leichtigkeit, um auf ein gesundes Maß an Lachanfällen zu kommen. »Wenn gar nichts mehr geht, dann lach ich drüber«, sagte eine Mitpatientin in der Klinik, die im Gegensatz zu mir an mehreren Erkrankungen litt. Und da verstand ich, dass es manchmal heilsam sein kann, wenn man seine eigenen Sorgen und Befindlichkeiten nicht zu ernst nimmt und durch etwas Humor die Leichtigkeit wieder in sein Leben einlädt. Zumal Lachen ja bekanntlich wie Medizin ist. Nicht nur für Kranke, sondern für uns alle.

Folgende Wirkungen auf unseren Körper ergeben sich durch das Lachen:

- Die Körperzellen werden mit mehr Sauerstoff versorgt, dadurch werden Verbrennungsvorgänge gefördert, Herz und Kreislauf angeregt und Muskeln entspannt.

- Lachen bremst die Produktion von Stresshormonen.
- Lachen fördert die Ausschüttung von Serotonin, welches als Glückshormon bekannt ist.
- Mit einem herzhaften Lachen signalisieren wir all unseren Zellen, dass es uns gut geht. Der Körper passt sich diesem Zustand langfristig an und findet dadurch zu Balance und Gesundheit zurück.
- Unser Immunsystem wird durch Lachen gestärkt. Es gibt bereits wissenschaftliche Berichte, die darauf hindeuten, dass Lachen die Entstehung von Krebszellen eindämmt.
- Lachen gibt uns ein Gefühl der kindlichen Leichtigkeit. Wer oft lacht, lässt sich weniger häufig von gesellschaftlichen Beschränkungen vereinnahmen. Lachen verbindet Menschen und öffnet die Tore zu den Herzen.

Erkenntnis: Wir können nicht gleichzeitig lachen und einen negativen Gedanken pflanzen.

Ich würde sogar sagen, dass Lachen eine wunderbare Art der Meditation ist! Schließlich kann man sich dabei auf nichts anderes konzentrieren. Versuch es mal! Es ist einfach nicht möglich, einen Lachkrampf zu haben und währenddessen zu überlegen, was man morgen alles erledigen muss.

Jedenfalls kann ich dir diese Art der Meditation sehr ans Herz legen. Ich verstehe aber natürlich auch, wenn du weder Lust darauf hast, auf der Straße zu singen oder in eine Lachyoga-Stunde zu gehen. Und genau deshalb habe ich mir zwei Übungen für dich überlegt, die du allein für dich ausprobieren kannst und mit denen du das Lachen nachhaltig in dein Leben einlädst.

Inspiration:

Lachen ohne Ende!

Für beide Varianten benötigst du einen großen Spiegel.

Variante I: Stell dir vor, du hättest riesigen Grund zur Freude – ein Lotto-Sechser, der Hauptgewinn einer Show oder etwas anderes, das dich zum Ausflippen bringt. Du ballst dabei die Fäuste zusammen, streckst sie in die Luft, jubelst und springst nach Lust und Laune, während sich in deinem Gesicht die pure Freude widerspiegelt.

Variante II: Stell dir vor, du bist ein talentierter Schauspieler. In der nächsten Szene musst du einen filmreifen Lachanfall inszenieren. Lache dabei zuerst ganz leise und dann immer lauter. Schließlich musst du dir vor lauter Lachen den Bauch halten oder dich sogar auf den Boden setzen.

Bei beiden Varianten entstehen trotz des anfänglichen Schauspiels Glücksgefühle. Eine tägliche Lacheinheit im Ausmaß von zwei bis fünf Minuten beeinflusst unser Glücksempfinden sowie den Gelassenheitsgrad bereits enorm.

Einfach ausprobieren –
kostet nichts, ist gesund und
aktiviert Glücksgefühle

Glücksdünger IV – wenn es Zitronen hagelt

Wer möchte schon gerne freiwillig in eine Zitrone beißen? Also ich eher nicht! Ich hasse saure Früchte. Und trotzdem regnete es in meinem Leben immer wieder Zitronen. Ich geriet also immer wieder in Lebenssituationen, die mir großen Schmerz und Traurigkeit bescherten. Aber ich bin nicht die Einzige hier, die den Zitronenregen kennt. Auch du hast bestimmt schon schlimme Zeiten, Schicksalsschläge, Trennungen oder Krankheit erlebt. Tage, an denen du dachtest, all das Schöne wäre jetzt für immer vorbei.

Neulich las ich auf Social Media den Bericht einer jungen Frau, die scheinbar eine Zeit lang vom Unglück verfolgt worden war. Innerhalb eines Jahres wurde sie von ihrem Partner verlassen, bekam Ausschläge am ganzen Körper, fuhr ihren Wagen zu Schrott und erfuhr, dass die Neue ihres Partners eine gute Freundin von ihr war. Abschließend berichtete sie aber, dass sich nun, ein Jahr später, alles zum Guten gewendet hatte und sie nun autofrei und zufrieden mit ihrem neuen Partner lebte.

Die Geschichte erinnerte mich sofort an den Zitronenregen, aus dem sich im Nachhinein bekanntlich wunderbar Limonade machen lässt. Schließlich endet auch diese Geschichte noch gut und man könnte sagen: Wäre all das Schlimme nicht passiert, so wäre ihr heutiges Glück niemals entstanden. Mit einem Lächeln im Gesicht kommentiere ich den Beitrag: »Manchmal geschehen Dinge, von denen wir vorerst glauben, sie wären unser Ende, bis sich schließlich im Nachhinein herausstellt, dass sie nötig waren, um unser neues Glück erschaffen zu können.«

Die Frau mit dem neuen Glück antwortete darauf: »Na ja – so sehe ich das nicht! Manchmal passiert im Leben halt einfach Scheiße.«

Ich: »Das kann man sehen, wie man will! Aber wenn man der Scheiße einen Sinn zuschreibt, dann lebt es sich um einiges leichter.«

Was ich damit sagen will: Wenn du dir erlaubst zu glauben, dass all der Mist, den du vielleicht gerade erlebst oder bereits erlebt hast, für etwas gut ist, nämlich für das Wunderbare, das noch folgen wird, erleichterst du dir den Umgang mit Krisen in deinem Leben.

Der Ansatz »Wenn dir das Leben eine Zitrone gibt, dann mach Limonade daraus oder von mir aus gerne auch einen Averna Sauer oder einen Limoncello« bewährt sich somit sowohl für Realisten als auch für Menschen, die an größere Zusammenhänge glauben.

Fakt ist, widerfahren uns unangenehme Dinge, so haben wir stets zwei Möglichkeiten. Entweder wir zerfließen im Selbstmitleid, meckern oder ärgern uns grün und blau, oder wir beginnen, die Dinge zu akzeptieren und das Beste daraus zu machen. Mir hilft dabei der Gedanke an einen lang geplanten Urlaub. Stell dir vor, du fährst für eine Woche ans Meer. Leider spielt das Wetter nicht mit und es gibt ständig Regen und Wolken. Was machst du? Genau – du machst vermutlich trotzdem das Beste daraus und erlebst vielleicht Dinge, die du ohne Regen nie erlebt hättest.

Ich für meinen Teil mache es mir bezüglich der ohnehin schon schwierigen Zeiten des Lebens so leicht wie möglich. Ich glaube daran, dass alles im Leben – mit den Worten der Glücksprinzessin also sogar jede Scheiße – ihren Sinn hat.

Als mich 2015 plötzlich die chronischen Schmerzen vereinnahmten und ich von einem Tag auf den anderen ein körperliches und emotionales Wrack wurde, dachte ich natürlich nicht daran, dass auch meine Krankheit eine positive Seite haben könnte. Allerdings besann ich mich recht schnell darauf, dass langfristig zumindest diese Möglichkeit bestünde. Ich blickte dabei oftmals auf meine Vergangenheit zurück, denn da gab es viele Beispiele dafür, dass negative Umstände zu positiven Ergebnissen führen können. Zum Beispiel die Trennung von meinem ersten langjährigen Partner. Nach acht Jahren Beziehung war das natürlich kein schöner Akt. Blicke ich aber heute darauf zurück, so bin ich froh über dieses vorerst negative Ereignis. Denn ohne die Trennung hätte ich wohl niemals die Möglichkeit ergriffen, in eine fremde Stadt zu gehen, um dort meinem Traumjob nachzukommen.

Ähnlich erging es mir schließlich auch mit meiner Krankheit. Sie war der schlimmste Schicksalsschlag meines Lebens. Aber dennoch hatte sie ihr Gutes. Sie setzte mich vorerst völlig außer Gefecht.

Ich musste mich von meiner beruflichen Tätigkeit, die in Verbindung mit Dienstreisen stand, völlig zurückziehen. Mein Körper zwang mich geradezu, mir eine Auszeit zu nehmen. Auf Grund des permanenten Schmerzes funktionierte ich in vielen Bereichen nicht mehr so wie früher.

Mein ständiger Leistungsdruck, den ich mir zuvor im Hinblick auf Sport, Haushalt, Weiterbildung, Freunde treffen und Job häufig auferlegt hatte, verschwand. Was erst einmal daran lag, dass ich körperlich ohnehin nicht mehr in der Lage dazu war, all diese Dinge zu tun.

Diese Veränderungen brachten mir vorläufig in meinem totalen Unglück kaum einen Nutzen. Rückblickend aber kann ich erkennen, dass sie durchaus ein Geschenk waren. Ohne meine Auszeit hätte ich viele meiner Leidenschaften, wie beispielsweise das Schreiben, nicht wiederentdeckt. Ohne meine Krankheit und das Mehr an Zeit, das mir durch die Auszeit zur Verfügung stand, wäre ich wohl niemals auf die Idee gekommen, mich noch intensiver mit Mentaltraining zu beschäftigen und meine Marke Honigperlen mit allem, was heute dazugehört (Podcast, Bücher, Kurse, Social-Media-Kanäle), zu gründen. Ebenso würde ich dann heute auch nicht hier sitzen und meinen Traum, ein Buch zu schreiben, verwirklichen. Ich hätte wohl kaum einen Grund gehabt, mich intensiv mit mir selbst und meinem Leben auseinanderzusetzen. Wenn diese schmerzhafte Geschichte damals mein Leben nicht in tausend Stücke zerrissen hätte, wäre ich heute in jedem Fall nicht die Person, die ich bin. Und so macht mich diese Krankheit rückblickend dennoch um einiges reicher. Ich würde sogar sagen, sie hat mir meine Lebensfreude wieder zurückgebracht.

Inspiration:

Zitronen-Check

Hast du bereits ähnliche Erfahrungen gemacht? Wann gab dir das Leben das letzte Mal eine Zitrone, die sich nach geraumer Zeit doch noch zu einer süßen Limo entwickelte? Überlege außerdem, ob es Menschen in deinem Bekanntenkreis gibt, bei denen sich ein Rückschlag zu einer positiven Lebenssituation mauserte. Notiere dir all diese Erlebnisse.

Bewahre diese Liste anschließend gut auf. Das nächste Mal, wenn das Leben wieder eine Zitrone parat hat, greifst du dann auf deine Notizen zurück oder erinnerst dich einfach an meine Geschichte. Im Nu wird dadurch aus einem vermeintlichen Tief eine neue Chance.

Du kannst den Zitronenregen in deinem Leben nicht stoppen, aber du kannst lernen, Zitronenlimo daraus zu machen oder eine Tequila-Party schmeißen.

Vorbei ist vorbei – oder doch nicht?

Ich wollte immer so sein wie Mary. Mary spielt die Hauptrolle in Ella Kensingtons Roman »Die unbändige göttliche Lebenslust«. Das Besondere an ihr ist ihre unvoreingenommene Lebenshaltung. Sie ver- und beurteilt nichts und niemanden und entdeckt alles, das ihr begegnet, völlig neu. Im Verlauf des Buches stellt sich heraus, dass Mary nicht von dieser Welt ist und daher keine menschliche Vergangenheit hat. All die Glaubensmuster, Kränkungen und schmerzlichen Trennungen, die unseren Emotionskörper und unser Mindset prägen, waren ihr erspart geblieben. Kein Wunder also, dass Mary voller Leichtigkeit durchs Leben tanzen konnte. Sie war frei von jeglichem belastenden Vergangenheitsgepäck, das wir alle, im Gegensatz zu ihr, mit uns herumschleppen müssen.

Als ich mir eines Abends vor dem Einschlafen vorstellte, dass ich, genauso wie Mary, keine Vergangenheit hätte, bemerkte ich, dass diese Gegebenheit trotz der vielen Vorteile, die sie hätte, auch schmerzhaft wäre. Denn all die schönen Erinnerungen aus meiner Kindheit, die Erlebnisse mit Freunden und meinem Partner, die vielen wunderbaren Menschen, die mich bisher in meinem Leben berührten und bereicherten, sowie auch meine bisherigen Erfolge und Weiterentwicklungen gäbe es dann einfach nicht. Diese Überlegung machte mir bewusst, dass es sich mit der Vergangenheit und ihren Lasten so wie mit einer Reise verhält. Ohne Gepäck reist es sich natürlich leichter durchs Leben, aber vermutlich würde uns etwas Erhebliches fehlen. Ein Badeurlaub ohne Bikini und Sonnencreme oder ein Winterurlaub ohne Skianzug und Schlitten wären schließlich auch nicht wirklich erfüllend. Genauso verhält es sich auch mit unserer Lebensreise. Wir Menschen brauchen ein bisschen Gepäck, damit wir uns wohl und authentisch fühlen. Dennoch hat Mary recht. Die meisten Leute tendieren nicht nur auf Reisen, sondern auch im Leben dazu, zu viel einzupacken beziehungsweise mitzuschleppen.

Ein regelmäßiger Gepäckcheck, was das Leben betrifft, macht daher Sinn. Wie du schwere Lasten, die dich eventuell noch bei deiner Lebensreise hindern, loslassen kannst und dadurch wieder zu mehr Leichtigkeit findest, erfährst du in den folgenden Kapiteln.

Loslassen, was war!

»Lass die Vergangenheit einfach los!« – Diesen scheinbar einfachen Rat erhielt ich vor einigen Jahren von einer lieben Freundin. Sie konnte es damals nicht mehr mitansehen, wie ich vergeblich auf die Liebe von einer bestimmten Person in meinem Leben wartete, die mir vor einiger Zeit den Laufpass gegeben hatte. Genau wie viele andere Leidtragende, die sich die Vergangenheit zurückersehnen, dachte ich mir damals: »Ja, schön wäre es, wenn ich loslassen könnte, aber wie?«

Ich nahm mir den Rat dennoch zu Herzen und begab mich auf die Suche. Tagelang durchforstete ich meine Bücherstapel nach Loslass-Methoden. (Damals hatte ich mein Buch »Federleicht«, das ich dir empfehle, wenn du tiefer in das Thema Loslassen eintauchen möchtest – noch nicht geschrieben.) Also stöberte ich fleißig im Bücherregal und der erste Hinweis, den ich dabei fand, deutete darauf hin, dass es meine eigene Schuld war, wenn ich nicht loslassen konnte. Zuerst war ich empört, als ich mich aber genauer damit befasste, verstand ich warum. Schließlich werden die schmerzhaften Erinnerungen mittels der eigenen Gedanken aufrechterhalten. So dachte ich zum Beispiel Tag für Tag an die schönen Momente, die ich gemeinsam mit jenem Mann, den ich damals nicht loslassen konnte, verbracht hatte, und schenkte meinen Gedanken Glauben, die behaupteten, dass ich so etwas Tolles niemals wieder erleben würde. Kein Wunder also, dass mich das ständige Grübeln mehr und mehr traurig machte. Die Lösung diesbezüglich ist einfach und schwierig zugleich. Wir können jeden unserer Gedanken bewusst steuern und dadurch die Energie von den schmerzhaften Erinnerungen abziehen und die Gedanken stattdessen in etwas Erfreuliches investieren.

Weil es aber geradezu unmöglich ist, jeden unserer Gedanken aktiv zu lenken, ist das Ganze in der Praxis nicht so einfach. Abgesehen davon fühlen wir den Schmerz erst dann, wenn der Gedanke schon produziert wurde. Bestimmt kennst du diese Situation. Man denkt an etwas besonders Trauriges und in der nächsten Sekunde schießen einem die Tränen schon in die Augen. Damit wird offensichtlich: Das Gefühl ist, wenn es erst erschaffen wurde, nicht mehr zu stoppen. Es zu unterdrücken, kommt einen permanenten Kraftakt gleich. Es ist in etwa so, also würde man einem Ball unter Wasser drücken. Abgesehen davon, dass das sehr anstrengend ist, kommt der Ball und so auch das Gefühl immer wieder hoch. Also keine empfehlenswerte Lösung.

Glücklicherweise wurde ich damals doch noch fündig. Ich entwarf aus den gesammelten Informationen ein Konzept, das dabei hilft, Vergangenes wertschätzend loszulassen. Egal, ob es sich dabei um Erinnerungen an eine vergangene Partnerschaft, Lebenssituationen, in denen wir im Nachhinein gerne anders gehandelt hätten, eine gute Lebensphase, die wir uns zurückersehnen, oder die Wut auf einen Menschen, der uns verletzt oder betrogen hat, handelt – das am Ende des Kapitels vorgestellte Loslass-Rezept ist individuell einsetzbar.

Wenn die schmerzhafte Erfahrung allerdings noch sehr frisch ist, so bewährt es sich, dir vor dem Loslass-Prozess noch etwas Zeit zu geben. Damit aber Selbstgespräche, in denen du dir für gewöhnlich gerne selbst Vorwürfe machst oder unentwegt nach dem »Warum« fragst und die daher alles noch schlimmer machen, gestoppt werden, macht es Sinn, deine Gedanken eine Zeit lang bewusst zu steuern.

Wie Selbstgespräche solcher Art klingen, möchte ich am Beispiel von Hanna aufzeigen. Hannas Freund Paul hat sich vor Kurzem von ihr getrennt. Nun versteht sie die Welt nicht mehr. Weil Paul, was seine Beweggründe zur Trennung betraf, sehr wortkarg war, stellt sich Hanna nun jede Menge Fragen und macht sich Vorwürfe: »Warum nur hat er mich verlassen? Was habe ich bloß falsch gemacht? Lag es vielleicht an dem neuen Lehrgang, den ich besuche? Hat er sich vernachlässigt gefühlt? Oder bin ich einfach nicht mehr attraktiv genug für ihn? Aber wie kann er bloß vergessen haben, was wir alles gemeinsam durchgestanden haben?«

Wenn du also ähnlich wie Hanna vom negativen Gedankenkarussell vereinnahmt wirst, so ist es zunächst wichtig, dass du den destruktiven Gedanken, die dazu führen, dass es dir noch schlechter geht, ihre Energie entziehst. Auf den ersten Blick mag das wie Ablenkung erscheinen. Ich meine aber, dass dieser Umgang in Extremsituationen vor allem eine Selbstschutz-Maßnahme ist. Schließlich bringen diese selbstzerstörerischen Gedanken nur noch mehr Schmerz und keine Heilung. Wenn der schmerzliche Vorfall einige Wochen oder Monate zurückliegt, hatte unser Emotionskörper bereits ausreichend Zeit, um den ersten Schock zu verarbeiten. Anschließend bietet sich der folgende bewährte Loslass-Prozess an.

Inspiration:

Loslass-Methode

Du hast Schlimmes erlebt! Du wurdest verletzt, verlassen, enttäuscht oder zurückgewiesen. Das ist tragisch, weswegen du wirklich guten Grund dazu hast, so richtig traurig und deprimiert zu sein – egal, wie lange die unliebsame Erinnerung bereits zurückliegt. Aber wenn du schon Trübsal bläst, dann tu dies bitte richtig! Fordere den Schmerz in dir heraus, indem du all den Kränkungen und Verletzungen, die noch in dir vergraben sind, erlaubst emporzusteigen. Zerfließe im Selbstmitleid, fühle dich als Opfer der Ungerechtigkeit, heule laut und energisch, brülle den Schmerz in dir an, bringe die Gesamtheit deiner Wut zum Ausdruck und vergiss dabei Sitten und Manieren. Dadurch lässt du alles raus, was in Bezug auf diese Erinnerung noch in dir brennt. Deine Emotionen werden deiner Aufforderung folgen und du wirst trauern wie noch nie zuvor.

Wichtig: Um den Prozess abzuschließen, frag dich nach einiger Zeit, wo am Körper spüre ich die Verletzung oder den Schmerz. Fokussiere dich auf diese Stelle und stoppe deine Gedanken. Nicht denken, nur spüren. Denn ansonsten rast das Gedankenkarussell, das weitere schmerzhafte Gefühle auslöst, immer weiter und weiter.

Ebenso ist es hilfreich, wenn du dir für diesen Prozess einen fixen Zeitrahmen setzt, den du am besten an die Intensität deines Schmerzes anpasst. Je nachdem, wie viele Gefühle noch in dir stecken, sollte er in seinem vollen Umfang zwischen zehn Minuten und maximal zwei Stunden andauern. Danach befreist du dich aus dem Trauerareal. Um für einen klaren Abschluss der Trauerphase zu sorgen, kann es hilfreich sein, wenn du deine Hände über deinen Körper abstreifst und anschließend schüttelst. In etwa so, als würdest du den Rest deiner Traurigkeit oder deiner Wut aus dir herausziehen und wegwerfen.

Das Ergebnis dieses Abschluss-Intensiv-Programms lässt meist nicht lange auf sich warten. Nach wenigen Minuten, Stunden oder Tagen geschieht der Wandel. Das negative Gefühl löst sich scheinbar auf. Tatsächlich allerdings transformieren sich die negativen Emotionen. Unsere Gefühle und Gedanken sind nämlich nichts anderes als Energien. Und diese können wir weder unterdrücken noch eliminieren. Dafür aber besitzen wir die Fähigkeit, sie zu verwandeln. Indem wir unseren Fokus gezielt und mit einer noch nie dagewesenen Intensität auf die bedrückenden Erinnerungen richten, erhalten die vorhandenen Gefühle jene Aufmerksamkeit, nach der sie sich schon lange sehnen. Wir füttern sie so lange, bis sie schließlich satt sind und sich freiwillig in eine positive Emotion umformen. Nicht selten überkommt uns nach der Durchführung eines solchen Prozesses ein impulsives Verlangen. Der Grund dafür sind neu entfachte Energien, die nur darauf warten, von uns freigesetzt zu werden.

Es ist nicht zu erwarten, dass deine Erinnerung dich nach der einmaligen Ausführung dieser Methode niemals wieder schmerzt. Die Intensivität des Schmerzes jedoch kann dadurch enorm abnehmen, da du den unangenehmen Gefühlen nun endlich die Möglichkeit gegeben hast, gelebt zu werden und ihre Energie freizusetzen. Möglicherweise braucht es aber auch noch eine zweite oder dritte Sitzung.

Wie die Vergangenheit dein Leben beeinflusst

Altes loslassen, um Platz für Neues zu schaffen, macht sowohl im eigenen Heim als auch im eigenen Gefühlshaushalt Sinn. So penibel wir aber sind, was das Ausmisten betrifft, Erinnerungen bleiben dennoch erhalten. Meist prägen sich diese so sehr in unser Gedächtnis, dass sie unser Leben stark beeinflussen.

Natalie wurde zum Beispiel als Kind oft wegen ihrer Körperfülle gehänselt. Beinahe ein ganzes Jahrzehnt schämte sie sich für ihren Körper. Weil Kinder und Teenager mit ihren Worten oft nicht sonderlich achtsam sind, wurde sie in ihrer Jugend unzählige Male gekränkt.

Mittlerweile ist Natalie eine erwachsene, schlanke und attraktive Frau. Den Kindern, die sie damals gehänselt haben, hat sie längst vergeben. Prinzipiell also hat sie die Vergangenheit abgeschlossen und ist sich außerdem dessen bewusst, dass sie heute kaum mehr als füllig wahrgenommen wird. Das kleine Kind in ihr aber, das sich durch die

Hänseleien ausgeschlossen und ungeliebt gefühlt hat, existiert in vielen Situationen immer noch.

Wenn Natalie beispielsweise mit ihrem Freund ein romantisches Wochenende verbringt, erfreut sie sich nicht an der angenehmen Atmosphäre, sondern fragt sich nur, wie sie das Licht in der Romantik-Suite möglichst unauffällig abdrehen kann. Die Scham für ihren Körper und der Schmerz der früheren Kränkungen erwachen in solchen Situationen wieder zum Leben.

Ähnlich ergeht es Veronika, die ihre gesamte Jugend als Durchschnittsschülerin galt. Immer wieder wurde ihr von Lehrern, ihren Eltern und später ihren Arbeitgebern erklärt, dass ihre Leistung durchschnittlich sei. Sie hörte den Satz so oft, dass sie Aussagen wie »Ich bin Durchschnitt/nicht besonders klug/nichts Besonderes« schließlich verinnerlichte und als Wahrheit annahm. Heute hält sie sich in größeren Runden oder Meetings sehr oft zurück. Ganz nach dem Motto: »Was habe ich denn schon Besonderes beizutragen?« Sie würde sich auch nie für ihren Traumjob bewerben, weil sie davon überzeugt ist, dass es unglaublich viele Menschen gibt, die bessere Qualifikationen als sie haben und ihr haushoch überlegen sind.

Diese beiden Beispiele zeigen, wie die Vergangenheit noch heute unser Leben beeinflussen kann. Sogenannte Glaubenssätze jeglicher Art hindern uns tagtäglich daran, das zu machen, was wir uns wirklich wünschen. Sie bestimmen unser Leben, führen zu destruktiven Verhaltensmustern, füttern unsere Ängste und machen uns unfrei.

Für jemanden, der sein Leben bewusst selbst gestalten

möchte, ist es daher unerlässlich, sich mit seinen Glaubenssätzen auseinanderzusetzen. Der meisten Prägungen sind wir uns gar nicht bewusst. Erst wenn wir erkennen, wie und wodurch unsere negativen Glaubensmuster entstanden sind, sind wir in der Lage dazu, sie aufzulösen. Tragen wir sie stattdessen ständig wie blinde Passagiere mit uns herum, so werden sie immer wieder als Stolpersteine auf dem Weg zu unserem Glück in Erscheinung treten.

Stell dir deine Vergangenheit einfach wie einen Rucksack mit jeder Menge an Urteilen, Prägungen, Einstellungen, Werten und Glaubenssätzen vor. Dieser schwere Rucksack begleitete dich seit Jahren auf deiner Lebensreise. Vieles in diesem Rucksack aber hat keinen Nutzen mehr für dich. Im Gegenteil, manche Inhalte sind schwere Lasten, die dich am Vorankommen hindern.

Negative Glaubenssätze, die sich womöglich auch in deinem Rucksack befinden, können lauten:

- Ich bin nicht klug genug.
- Ich bin nicht schön genug/Ich bin hässlich.
- Ich mache immer alles falsch.
- Ich bin nicht wichtig genug.
- Ich bin nicht gut genug.
- Ich kann das nicht/Ich schaffe das nicht.
- Ich bin anders/nicht normal.
- Ich bin nicht liebenswert.
- Ich habe nichts Besseres verdient.
- Ich bringe es niemals zu etwas.

- Ich bin ein Tollpatsch.
- Ich bin Durchschnitt.
- Ich bin zu dick.
- Keiner mag mich/Niemand liebt mich.
- Alle anderen schaffen es, nur ich nicht.

Kommt dir ein Satz oder kommen dir gar mehrere dieser Sätze bekannt vor? Wenn ja, so markiere sie bitte gleich. Vielleicht fallen dir intuitiv noch andere Sätze ein, die dir immer wieder zur Last werden. Halte diese für die anschließende Übung schriftlich fest.

Der einfachste Weg, um unnütze Glaubensmuster loszuwerden, ist es, sie zu überschreiben. Bevor wir jedoch dazu kommen, halte ich es für hilfreich, den Sätzen auf den Grund zu gehen! Ich habe die Erfahrung gemacht, dass wir leichter überschreiben können, wenn wir wissen, woher die Muster stammen. Erkennen wir, dass die Glaubensmuster keinen Wahrheitsgehalt haben, sondern nur Meinungen von einzelnen Personen darstellen, so verlieren sie rasch an Bedeutung.

Inspiration:

Glaubensmuster auflösen

Schaue dir einen deiner notierten oder markierten Sätze an. Am besten den, der bei dir intuitiv am stärksten wirkt. Frage dich nun:

- Wer hat diesen oder ähnliche Sätze in meiner Kindheit zu mir gesagt?
- Wer hat mich in meiner Vergangenheit gemäß diesem Satz behandelt?
- Durch wen oder was wurde mir dieser Glaubenssatz auferlegt?

Sobald du eine Antwort darauf hast, stellst du diese auf die Probe. Frage dich, inwiefern sie der Wahrheit entspricht. Haben Menschen, die solche Sätze zu dir sagten, möglicherweise auch, ohne dass sie dir Böses wollten, vielleicht einfach nur ihren eigenen Glaubensmustern entsprechend gehandelt?

Kannst du sicher sein, dass diese Sätze, die dir in der Vergangenheit durch andere auferlegt wurden, tatsächlich zu 100 % wahr sind?

Gab es in deinem Leben bereits ein oder sogar mehrere Erlebnisse, die dir das Gefühl gaben, dass der Glaubenssatz nicht wahr ist? Wenn ja, welche?

Infolgedessen kannst du entscheiden, welche positiven Sätze du anstatt der negativen Aussagen in Zukunft in deinem Rucksack mitnehmen möchtest. Greif zu Stift und Papier und notiere alle negativen Glaubenssätze untereinander. Teile das Blatt in zwei

Spalten. Auf der rechten Seite notierst du nun anstatt jedes negativen Satzes einen positiven. Zum Beispiel:

X Ich bin zu blöd oder nicht klug genug.
-> Ich bin klug genug für alles, was ich mir wünsche.

X Ich bin nicht wichtig – für niemanden.
-> Ich bin von Bedeutung.

X Ich kann das nicht/schaffe das nicht.
-> Ich schaffe alles, was ich mir vornehme.

X Ich bin nicht liebenswert.
-> Ich bin Liebe pur.

X Keiner mag mich.
-> Ich bin eine Bereicherung für meine Mitmenschen.

Wähle den für dich stärksten positiven Satz aus!

Anschließend stelle dir folgende Fragen:

- Was würde ich anders machen, wenn dieser neue positive Satz ab heute meine Wahrheit wäre?
- Was in meinem Gedanken, in meinem Verhalten und meinem Gefühl würde sich dadurch ändern?

Ein besonders bewährtes Mittel, um neue Überzeugungen herbeizuführen, sind regelmäßige Affirmationen. Das bedeutet, du sagst dir den positiven, neuen Satz mehrmals täglich laut oder in Gedanken vor. Weil die Leute in der U-Bahn oder am Mittagstisch es wohl komisch finden, wenn du dort permanent laut zu dir selbst sagst: »Ich bin mir das Wichtigste im Leben«, gestaltet sich das kontinuierliche Wiederholen oft schwierig. Eine Lösung hierfür sind Handy- oder Laptopdisplays sowie Taschenspiegel. Darauf wirft man ohnehin mehrmals täglich einen Blick. Meine positiven Glaubenssätze finden sich auf all diesen Utensilien wieder, damit ich regelmäßig damit konfrontiert werde.

Eine weitere Option ist es, ein Audio auf deinen iPod oder direkt auf das Smartphone zu sprechen. Pick dir deine liebsten positiven Sätze heraus und höre dir diese dann gemütlich beim Spazierengehen, beim Sport oder zu Hause vor dem Einschlafen an.

Emotionale Kränkungsknöpfe

Kränkungen verderben uns Tage, Wochen, ja sogar Jahre unseres Lebens. Egal, ob uns jemand bewusst oder unbewusst gekränkt hat, wir der Kränkung Ausdruck verleihen oder versuchen, sie zu verdrängen – die Welt erscheint dann wie ein fieser Aufenthaltsort. Wir sind wütend, fühlen uns schwach, ungerecht behandelt oder sind einfach nur traurig. Binnen Sekunden vertreibt so eine Kränkung alle positiven Gedanken und Gefühle.

Als Beispiel habe ich einen Auszug aus dem Beziehungsnähkästchen von Marina und Frank mitgebracht: Wenn es bei ihnen Streitigkeiten gibt, wird schnell die Frage der Schuld gestellt. Diese Frage lässt sich allerdings schwer beantworten, denn meist tragen sie beide gleichermaßen Schuld oder auch Unschuld. Ungewollt drücken sie die jeweiligen Emotionsknöpfe des anderen und entfernen sich dadurch mehr und mehr von einem konstruktiven Gespräch. Und so sieht ein klassischer Streit dann bei ihnen aus:

An einem sonnigen Sonntagvormittag sagt Frank, dass er sich jetzt auf den Weg ins Grüne begibt, um eine Runde zu laufen. »Was?«, faucht Marina, die gerade dabei ist, für sie beide zu kochen. Sehr emotional erklärt sie, wie unfair es sei, sie an so einem Tag ohne Vorwarnung alleinzulassen. Ohne dass Frank annähernd versteht, warum Marina so in die Luft geht, setzt er zum Gegenangriff an. Wütend erklärt er, wie anstrengend er ihr Verhalten findet, dass er sich dadurch völlig unfrei und beschränkt fühlt und manchmal das Gefühl hat, er lebe mit einer Verrückten zusammen. Dabei ist er nun ebenfalls auf »180«.

Einige Tage später bei einem ruhigen Klärungsgespräch erkennen die beiden die Ursache dieses und auch anderer bisheriger Streitgespräche. Während Marina gekränkt war, weil sie sich abgeschoben und alleingelassen fühlte, belastete Frank vor allem Marinas lautstarke Reaktion, die er als persönlichen Angriff wertete. Wären andere

Paare mit einer ähnlichen Situation konfrontiert gewesen, so wäre es höchstwahrscheinlich zu keiner derartigen Eskalation gekommen. Bei Marina und Frank kam es deshalb zu einem Ausbruch und Kränkungen, weil der jeweils andere unbewusst die Emotionsknöpfe des Partners drückte, die mit kränkenden Erinnerungen einhergehen.

Marina und Frank reagierten aus ihrem inneren Kind heraus, also aus der Erinnerung an erlittenes Leid. Weil sich Marina als Kind öfter alleingelassen fühlte, überwältigt sie in jeder Situation, die sie nur annähernd mit dieser Kränkung in Verbindung bringt, eine unverhältnismäßig starke Verlustangst. Sie verhält sich von einem Moment auf den anderen wie ein Kleinkind, schreit, ist voller Trauer, Angst und Wut. Frank ergeht es ähnlich – nur dass er eben auf Grund seiner individuellen Erlebnisse in der Vergangenheit gereizt und emotional reagiert, wenn jemand ihn einschränkt. Ihm wurde als Kind vieles, was anderen Kindern erlaubt war, verwehrt. Er musste immer früher zu Hause sein als all seine Freunde, durfte wenig eigene Entscheidungen treffen und wurde stets gemaßregelt und kontrolliert.

Ja, da haben sich wohl die zwei Richtigen getroffen, meinst du jetzt vielleicht. In Wahrheit aber besitzen wir alle eine Vielzahl an Emotionsknöpfen. Meistens werden diese nicht durch den flüchtigen Bekannten gedrückt, sondern von Menschen, die uns sehr nahestehen. Guten Freunden, Partnern, Mitbewohnern, Geschwister, den eigenen Kindern oder Eltern beispielsweise.

Leider genügt es nicht, über seine Emotionsknöpfe Bescheid zu wissen. Denn sobald diese gedrückt werden, ist bei uns Schluss mit Diplomatie und rationalem Verhalten. Wir verwandeln uns binnen Sekunden in Kleinkinder und agieren dementsprechend. Manche explodieren, andere ziehen sich zurück und ertragen ihr Leid schweigend.

Eine Möglichkeit, wie wir dennoch langfristig Abhilfe gegen solche Kränkungen schaffen können, zeigt dir die am Kapitelende vorgeschlagene Übung.

Aber keine Methode kann die Kränkungen unserer Vergangenheit durch eine einmalige Anwendung einfach auslöschen. Daher sollten wir Verständnis mit dem gekränkten Kind in uns haben, wenn es wieder einmal passiert, dass unsere Emotionen mit uns durchgehen. Denn bestrafen wir das Kind in uns, welches in solchen Situationen das Ruder übernimmt, indem wir uns selbst verurteilen, so ist das kontraproduktiv. Schließlich ist sein Verhalten fast immer ein Schrei nach Liebe. Nehmen wir es hingegen verständnisvoll in den Arm, so begreifen wir mit der Zeit viel eher, welche Verletzungen noch geheilt werden wollen.

Natürlich gibt es in unser aller Leben auch Kränkungen, die nicht dieser Kategorie angehören. Greift uns nämlich jemand wiederholt persönlich und mit Absicht an, so besteht kein Anlass, dafür Akzeptanz zu entwickeln. Sollte es sich um eine nahestehende Person handeln, die uns am Herzen liegt, ist es sicher zielführend, genauer zu hinterfragen, was hinter diesem Verhalten steckt. So oder so ist es an dieser Stelle jedoch wichtig, klare Grenzen zu setzen, um sich selbst zu schützen.

Beleidigt oder kränkt uns jedoch ein Außenstehender, eine Person, die uns emotional nicht besonders nahesteht, so machen wir uns an dieser Stelle am besten bewusst, dass sein Verhalten nicht uns, sondern die Person selbst widerspiegelt. Das, was sie sagt, sagt mehr über sie selbst und ihre Prägungen aus als über uns. Du findest in einem späteren Kapitel dazu nähere Informationen. (»Glänzen statt meckern« auf Seite 210)

Inspiration:

Kränkungen annehmen, verstehen und heilen

Erkenntnis und Bewusstsein sind die ersten Schritte zur Veränderung und infolgedessen auch zur Heilung. Die angeleitete Übung forciert einen Erkenntnisgewinn, der bei regelmäßiger Bewusstmachung zu Lösungen führt.

Erinnere dich an eine sich wiederholende Situation der letzten Tage, Wochen, Monate oder Jahre, die dazu geführt hat, dass du dich gekränkt oder verletzt gefühlt hast. Versuche dieser Kränkung anhand der folgenden Fragen auf den Grund zu gehen.

- Wieso kränkt/ärgert/verletzt mich diese Aussage/Handlung?
- Was steckt dahinter? Woher rühren meine Emotionen tatsächlich?
- Welches Gefühl wird dabei konkret in mir ausgelöst?
- Kenne ich dieses Gefühl aus meiner Kindheit?
- Was brauche ich in dieser Situation? (Verständnis, Zuspruch, Liebe, Stärke, Trost, eine Umarmung ...)
- Kann ich jemanden bitten, dass er mir gibt, was ich brauche, und wenn nicht, wie kann ich es mir selbst geben? (selbst umarmen, sich verwöhnen ...)

Diese Fragen eignen sich natürlich vor allem auch dafür, sie sich selbst direkt im Anschluss an eine Kränkung zu stellen. Das starke Gefühl und mögliche Auslöser sind dann noch besser erfassbar.

Wer das Prinzip nach mehrmaliger Anwendung erstmals verstanden hat, lernt nicht nur, sich selbst besser zu verstehen, sondern wird auch seinen Mitmenschen gegenüber nachsichtiger und verständnisvoller.

Wunschkonzert statt Hamsterrad – die Magie der Veränderung!

Wirf einen Blick auf diese Überschrift! Welcher der beiden Begriffe – Wunschkonzert oder Hamsterrad – trifft derzeit eher auf dein Leben zu?
Ich durfte im Verlauf meines Lebens beides kennenlernen. Aber bevor ich dir mehr davon erzähle, lass uns zuerst die Begriffe genauer erläutern.

Das *Hamsterrad* stellt in meiner Definition den Alltag dar, der von gesellschaftlichen Rahmenbedingungen, Verpflichtungen, ungeschriebenen Gesetzen, aber auch den eigenen beschränkenden Glaubenssätzen, die man womöglich von seinen Eltern oder Großeltern übernommen hat, geprägt wird. Dazu zählt, dass wir unsere Brötchen verdienen müssen, um ein Dach über dem Kopf und genug zu essen zu haben. Aber auch die Befriedigung der »Luxusbedürfnisse«, wie beispielsweise ein Auto zu finanzieren, Urlaub zu buchen und Mode zu kaufen, fallen in diese Kategorie. Außerdem wirken ungeschriebene Gesetze auf uns ein, die meist durch unser Umfeld und unsere Familie geprägt werden. Hier unterliegt jeder von uns anderen Beschränkungen. In machen Köpfen »gehört es sich« beispielsweise für eine Frau immer noch, möglichst bald einen passenden Mann zu finden, zu heiraten, die Wäsche zu machen, sich in ein Häuschen zurückzuziehen und die Kinder großzuziehen. Für einen Mann hingegen können unausgesprochene Gesetze beruflicher Erfolg, mehr verdienen als die Frau, das permanente Starksein oder das Schaffen eines Eigenheims sein. Manchmal deckt sich das eine oder andere unsichtbare Gesetz auch mit unseren ureigensten Wünschen, aber sehr oft handelt es sich dabei um vom Umfeld suggerierte Wünsche und Werte, die keinen Raum dafür lassen, neue, eigene Lebensentwürfe zu gestalten.

In gewissen Familien wiederum wird eine »Bildungspflicht« vorausgesetzt, die es vielen Menschen nicht ermöglicht, wirklich das zu tun, was sie glücklich macht, sondern möglichst rasch einen Universitätsabschluss zu erlangen und die Karriereleiter hochzusteigen. Umgekehrt wird es Menschen aus Arbeiterfamilien häufig durch unbewusste Erwartungen verwehrt, einen höheren Bildungsabschluss anzustreben. In diesen Kategorien könnte ich noch mehr Begrenzungen aufzählen. Fakt ist: Unsere Umwelt hat einen großen Einfluss auf die Ziele, die wir im Leben anstreben, und die unsichtbaren Gesetze, an die wir uns halten, und sie kann so verhindern, dass wir wirklich das tun, was uns glücklich macht.

Das *Wunschkonzert* auf der anderen Seite ist ein selbstbestimmtes Leben, das unseren individuellen Bedürfnissen,

Wünschen und Potenzialen entspricht. Durch Bewusstsein und Selbstvertrauen können wir uns mehr und mehr von den einst auferlegten Begrenzungen distanzieren und finden in Folge unseren eigenen Weg.

Kurzum: Wir finden heraus, ob wir Männer oder Frauen lieben, welche Art der Liebe uns guttut, ob wir statt für eine Hochzeitsfeier lieber Geld für eine Weltreise ausgeben, welche Talente wirklich in uns stecken, welche Werte individuell von Bedeutung sind und wie, wo und mit wem wir unser Leben verbringen möchten. Außerdem, und das ist sehr wichtig, damit dieser Weg realisierbar wird, gilt es herauszufinden, wie wir all diese Wünsche und Vorstellungen trotz gesellschaftlicher und wirtschaftlicher Voraussetzungen leben können.

Um aus unserem Leben ein Wunschkonzert zu machen, braucht es außerdem konkrete Ziele. Dazu wiederum muss jeder selbst erkennen, was ihm oder ihr guttut und was nicht, welche Wünsche und Talente im Verborgenen schlummern und in welchen Lebensbereichen es Veränderungspotenzial gibt.

Genug der Theorie, viel spannender ist der Weg des Machens! Ergründe dich selbst und öffne dich für Veränderungen in deinem Leben!

Dein Leben sehnt sich nach Veränderung?

»Nimm doch mal die rosa Brille ab und schau genau hin«, flüsterte meine innere Stimme vor einiger Zeit. Obwohl

Glückstraining enorm wirksam ist und wenig mit toxischer Positivität zu hat, ist es sinnvoll, auch einmal innezuhalten und einen kritischen Blick auf das eigene Leben zu werfen, um verborgene Sehnsüchte zu erkennen. Genau das tat ich in der zweiten Phase meiner Krankheit. Ich begab mich auf die Suche nach jenen Lebensbereichen, die mich nicht erfüllten oder gar belasteten und dadurch auch meinen Körper negativ beeinflussten, wie das bei sehr vielen Menschen der Fall ist. Fühlen wir uns nämlich seelisch nicht frei, so wird oft auch der Körper zum Gefängnis. Ich inspizierte daher also die Schattenseiten meines Lebens. Eine Selbstcoaching-Methode unterstützte mich dabei. Diese stelle ich dir im Anschluss an das Kapitel noch vor.

Jedenfalls fand ich durch das Hinsehen, das bewusste Wahrnehmen und Fühlen sehr rasch heraus, welche meiner Lebensbereiche sich nach einer Veränderung sehnten. So erkannte ich beispielsweise, dass ich im Bereich Beruf nicht mehr glücklich war und ich mir eigentlich eine Tätigkeit wünschte, bei der ich meine Schreibliebe sowie meine kreative Ader ausleben konnte und außerdem endlich einmal wieder Neues lernen konnte.

Ähnlich erging es mir auch im Bereich Zufriedenheit mit mir selbst, denn mein Selbstbild war damals teilweise noch immer von Leistung und Erfolg abhängig. Es war wesentlich, mir den Mangel in diesem Bereich einzugestehen, um den Weg der bedingungslosen Selbstliebe einzuschlagen.

Fast jeder von uns trägt solche Veränderungssehnsüchte, die sich durch konstante Unzufriedenheit in einem oder mehreren Lebensbereichen zeigen, in sich.

Während der eine vielleicht eine glückliche Partnerschaft und ein schönes Zuhause hat, vermisst er es, einer erfüllenden beruflichen Tätigkeit nachzugehen. Ein anderer erfreut sich bester Gesundheit, ist körperlich fit und blüht in seinem Beruf auf, wird aber dennoch immer wieder von der Sehnsucht nach einem Partner, mit dem er sein Glück teilen kann, geplagt. Jeder und jede von uns findet in seiner Lebenstorte das eine oder andere Tortenstück, das noch bitter statt süß schmeckt. Genau diese Tortenstücke geben Aufschluss darüber, in welchen Lebensbereichen es Zeit ist, neue Wege einzuschlagen.

Ich lade dich daher beim folgenden Experiment dazu ein, deinen größten Veränderungspotenzialen auf die Schliche zu kommen.

Inspiration:

Lebenstorte

Wirf einen Blick auf deine persönliche Lebenstorte. Die im Folgenden angeführten Rubriken bilden die einzelnen Stücke deiner Torte.

Um dir einen Überblick zu verschaffen, beurteilst du jede Rubrik mit einer Note.

Die Note 1 bekommen all jene Bereiche, mit denen du derzeit überdurchschnittlich zufrieden bist.

Die schlechteste Note im System ist die 5, welche ausdrückt, dass du mit einem Lebensbereich ganz und gar nicht glücklich bist.

___ Selbstbild/Zufriedenheit mit mir selbst
___ Körper und Gesundheit
___ Job und Karriere
___ Aus- und Weiterbildung
___ Lebensraum – Wohnen und Zuhause
___ Hobbys und Sport
___ Soziales Umfeld/Familie und Freunde
___ Liebe und Partnerschaft
___ Besitztümer und Materielles
___ persönliche Weiterentwicklung und Ziele

Womöglich hast du durch die Beurteilung deines Lebens nun auch ein Tortenstück oder mehrere Tortenstücke entdeckt, die dir noch nicht schmecken. Sprich ein Teilgebiet, das von Problemen geprägt ist oder noch voller Wünsche und unerfüllter Sehnsüchte steckt. Picke dir nun die eins bis drei am schlechtesten bewerteten

Bereiche aus deiner Auflistung heraus und notiere dir diese.

Genau in diesen Kategorien findest du dein größtes Veränderungspotenzial. Denn wenn wir Probleme auf den Kopf stellen, so erkennen wir die sich daraus ergebenden Ziele und Wünsche.

Einstein definierte Wahnsinn so: immer wieder das Gleiche zu tun und andere Ergebnisse zu erwarten.

Das trifft es doch sehr gut, oder? Bevor wir uns also mit deinen Wünschen und Zielen beschäftigen und damit, wie du diese erreichen kannst, musst du dich entscheiden. Denn wer sich nicht bewusst dazu entschließt, eine Veränderung zu initiieren, der wird folglich auch keine Handlungen setzen und die gewünschten Veränderungen bleiben aus.

Akzeptieren oder verändern – eine Portion Mut gefällig?

Es ist gesund und wichtig, Ziele und Träume zu haben. Sie spornen uns an, sorgen für Weiterentwicklung und entfachen das schöne Gefühl der Vorfreude. Was uns aber oft nicht bewusst ist, ist, dass auch Probleme diese Qualitäten mit sich bringen. Denn jedes Problem integriert auch eine Lösung, und wenn wir diese finden, entsteht ein neues Ziel, dessen Erreichung Selbstvertrauen, Zufriedenheit oder auch Stolz auslöst. Letzteres erlebe ich im Kleinen beispielsweise immer dann, wenn ich als technisches Anti-Talent eine Layoutveränderung auf meiner Webseite vornehmen oder ein digitales Tool neu integrieren möchte. Ich nehme mir dann einen Stift zur Hand und schreibe alle Probleme auf, die mich daran hindern, dass ich weiterkomme. Schritt für Schritt arbeite ich diese ab und ersetze mein Nichtwissen durch Antworten von Dr. Google. Wenn ich es schließlich geschafft habe, eine neue Funktion zu installieren, fühle ich mich stolz, selbstbewusst und bin voller Freude.

Nun aber zurück zu den großen Problembereichen des

Leben oder, besser gesagt, den Wünschen und Zielen, die sich, wenn wir sie genauer betrachten, durch diese auftun. Im letzten Kapitel hast du herausgefunden, welcher deiner Lebensbereiche sich am meisten nach einer Veränderung sehnt. Jetzt hast du zwei Möglichkeiten, wie du mit dieser Erkenntnis weiter verfahren kannst: Entweder akzeptierst du alles so, wie es ist, oder du entscheidest dich dafür, etwas zu verändern.

Viele Menschen entscheiden sich, egal, um welche Art der Veränderung es sich handeln würde, für die Option A, also dem Leben seinen Lauf zu lassen. Denn diese Möglichkeit erlaubt es, weiterhin in der Komfortzone zu verweilen und keine Risiken eingehen zu müssen. Die oftmals unbewusste Entscheidung, alles beim Alten zu lassen, ist zwar bequem, hat aber einen ziemlich hohen Preis, nämlich weiter im Mangel zu leben und unglücklich zu sein.

Und das wird auch langfristig so bleiben, denn Aladin aus der Wunderlampe ist längst in Pension und die gute Fee meist ausgebucht. Kurzum:

Nichts ändert sich, wenn du nichts änderst.

Das wiederum bedeutet, wer sich selbst nicht aktiv um eine Veränderung bemüht, wird mit sehr hoher Wahrscheinlichkeit selbst in zehn Jahren in diesem Bereich noch immer unzufrieden sein.

Denk nun mal an deinen letzten Jobwechsel. Häufig kennen wir die Schwierigkeit der Veränderung durch die Erfahrung mit solchen Situationen. Bevor wir uns dazu entschließen, tatsächlich einen Job zu wechseln oder uns selbstständig zu machen, wägen wir in der Regel alle möglichen Risiken genau ab. Die Zukunft ist schließlich ungewiss und die Möglichkeit, dass alles noch schlechter werden könnte, immer gegeben. Genau aus dieser Unbekannten nährt sich die weitverbreitete Angst vor Veränderungen.

Warum aber schaffen es dann manche Menschen dennoch immer wieder, das gewohnte Terrain zu verlassen und neue Wege zu gehen? Wie überwinden diese Menschen ihre Ängste und warum sind gerade sie häufig von Erfolg und Glück gekrönt?

Wie schaffen wir es, die Komfortzone zu verlassen?

Der wesentliche Unterschied von Menschen, die den Mut aufbringen, neue Wege zu gehen, und denen, die es nicht tun, sind ihre Gedanken. Menschen, die eigenmächtig ihr Leben verändern und Chancen ergreifen, denken dabei nicht stets an das, was sie dadurch verlieren könnten. Nein, sie investieren ihre Gedanken ganz bewusst in die möglichen Gewinne, die durch Veränderungen entstehen können.

Weiter haben Menschen, die Veränderungen bejahen, bereits positive Erfahrungen mit Veränderungen gemacht und genau das nimmt ihnen die Angst davor. Um auch dir eine neue Sichtweise auf Veränderungen aufzuzeigen, möchte ich dich gleich anschließend an dieses Kapitel auf eine Zeitreise in deine Vergangenheit einladen, die den Veränderungsmut in dir maßgeblich stärken wird.

Veränderungsrisiken lassen sich außerdem sogar einfach mathematisch berechnen. Wie oben bereits erläutert, bedeutet jede Veränderung einen Schritt ins Ungewisse. Wenn mir also heute mein Job nur marginal Spaß macht, kündige ich und suche mir einen neuen. Nun gibt es drei Möglichkeiten.

- Ich finde einen Job, der spitzenmäßig zu mir passt.
- Ich finde einen Job, der miserabler ist als der aktuelle.
- Ich finde einen Job, der meinem derzeitigen in etwa gleichgestellt ist.

Die Chance, dass der nächste Job nicht schlechter als der aktuelle oder sogar besser ist, liegt demnach bei circa 67%. Also höher als die Chance, dass sich die Situation verschlechtert.

Nehmen wir nun aber einmal an, der Worst Case tritt ein und mein neuer Job ist grauenvoll – viel schlimmer noch als mein bisheriger – was bleibt mir dann für eine Option?

Richtig! Ich würde den Job hinschmeißen und mir wieder einen neuen suchen und auch diesmal gibt es wieder drei Optionen. Zusammengefasst bedeutet das: Unsere Angst vor dem Neuen und Ungewissen ist sogar rational gut auszuräumen, indem wir uns bewusstmachen, dass wir jederzeit wieder eine neue Entscheidung treffen können.

Eine falsche Entscheidung ist immer besser als gar keine Entscheidung - denn jede Entscheidung bringt dich weiter.

Inspiration:

Reise in deine Vergangenheit

Erinnere dich an all die großen Veränderungen, die in deinem bisherigen Leben stattgefunden haben. Beginne im Kindesalter und protokolliere jede Veränderung bis zum heutigen Tag. Zum Beispiel: den ersten Kuss, das erste Auto, die erste Wohnung, den ersten Job, den Beginn einer Ausbildung oder eines Studiums, einen Umzug, neue Freunde, Eigenheim, die Geburt eines Kindes, Scheidung oder Trennung, eine veränderte Angewohnheit, einen Jobwechsel, ein neues Hobby, eine Entdeckung ...

Notiere auch all jene Veränderungen in deinem Leben, die du im ersten Moment als sehr negativ wahrgenommen hast. Also beispielsweise eine Trennung/Scheidung, Jobverlust, Krankheit und so weiter.

Markiere anschließend alle Veränderungen, die du aus heutiger Sicht als positiv beurteilen würdest.

Oftmals bejahen wir den Großteil jener Veränderungen, die bisher in unserem Leben stattgefunden haben, und beurteilen diese generell oder zumindest rückblickend bei vorerst als negativ wahrgenommenen Veränderungen als positiv. Ausschlaggebend dafür ist unter anderem, dass wir nach der Generalsanierung eines Bereiches dazu neigen, wieder aktiver und aufmerksamer am Leben teilzunehmen. Wir sind neugieriger, zeigen vermehrtes Interesse an unseren Mitmenschen und meistern die an uns gestellten Herausforderungen voller Freude und Elan. Mit jeder Neuheit in unserem Leben entdecken wir außerdem auch an uns selbst wieder etwas Neues – das schürt Freude, Selbstbewusstsein und Stolz.

Außerdem tendieren wir dazu, uns im Nachhinein mit fast jeder Art der Veränderung zu arrangieren, indem wir sie akzeptieren oder sogar dankbar dafür sind. Nur die wenigsten ersehnen beispielsweise nach einem Job- oder Partnerwechsel langfristig ihre ehemaligen Lebensumstände herbei.

Im Grunde genommen bereichern uns Veränderungen also. Sie machen unser Leben spannend, nähren unser Glücksgefühl und sind essenziell für unsere persönliche Weiterentwicklung.

Ziele mit Wunschdoping schmecken besser

Wenn ich mir vornehme, bis zum Sommer drei Kilo abzunehmen, und deshalb meine Ernährung umstelle und außerdem mindestens zweimal pro Woche eine Stunde Ausdauersport mache, dann fällt das klar in die Kategorie Ziele.

Wenn ich hingegen davon träume, bis zum Sommer in den neuesten Victoria's-Secret-Bikini zu passen und dabei mindestens so eine gute Figur zu machen wie die Designerin selbst, so würde man das wohl eher als einen Wunsch bezeichnen.

Ziele sind tendenziell eher rational, während Wünschen oft der Möglichmachanteil fehlt. In vielen Fällen werden Ziele also von den realen Möglichkeiten, wie beispielsweise Bildungsstatus, Wohnort, Körpersetting, Einkommen, naturgegebenen Fakten, wirtschaftliche Situation und so weiter, abhängig gemacht. Unsere Ratio beschränkt uns hierbei und lässt nur Ideen zu, die in die bisher erfahrenen Muster passen. Wenn also jemand den Beruf der Sekretärin ausübt, so orientiert er sich bei seinem Karriereziel fast immer an seinen bisherigen Joberfahrungen und seinem Ausbildungsstatus. Die Sekretärin strebt dann beispielsweise einen Assistenzposten bei der Geschäftsführung an. Selten aber kommt eine Sekretärin auf die Idee, selbst Geschäftsführerin zu werden. Ein solches Szenario schließt ihr Verstand auf Grund ihrer bisherigen Erfahrungen im Beruf oft aus.

Da bei den meisten Menschen das rationale Denken besser trainiert ist als die Intuition, geraten Herzenswünsche oft in Vergessenheit. Innere Glaubenssätze wie zum Beispiel: »Das schaffe ich sowieso nicht. Dafür habe ich nicht genug Geld oder dazu bin ich nicht gut oder klug genug«, hindern uns oft daran, unsere Herzenswünsche, die zu groß erscheinen, zu verfolgen. Schade, denn träumen und wünschen fördert nicht nur unsere Kreativität und regt zum Entspannen an – nein, es erweitert auch unsere Perspektive und prägt langfristig unseren Glauben darüber, was für uns möglich ist und was nicht.

Wenn wir uns einen bestimmten Wunsch beispielsweise immer wieder visualisieren, so gelangen diese Bilder in unser Unterbewusstsein. Bei vermehrter Wiederholung beginnen wir unbewusst daran zu glauben, dass dieser Wunsch wahr wird. Die Folge: Unsere Gedanken, Handlungen und Worte orientieren sich an diesem Glauben und bringen uns der Erfüllung unseres Herzenswunsches Schritt für Schritt näher.

Außerdem überkommt uns bei der Vorstellung, dass ein Herzenswunsch tatsächlich wahr wird, eine positive Emotion, die uns seine Sinnhaftigkeit bestätigt.

Natürlich macht es Sinn, dass ein Wunsch auch das Potenzial hat, sich zu erfüllen und daher möglichst realitätsnah ist. Und genau das ist fast immer mit der einen oder anderen Abänderung möglich. So können wir aus Herzenswünschen dann Ziele mit Herz entwickeln, die genug Möglichmacher-Potenzial haben. Das ist wesentlich klüger, als ständig Zielen hinterherzulaufen, die zwar rational gut machbar sind, aber keine Begeisterung, keine Freude und keinen Sog auslösen.

Einem lieben Freund von mir erging es im Leben genauso. Als Sohn einer Rechtsanwaltsfamilie erwarteten seine Eltern von ihm, dass er in ihre Fußstapfen tritt. Für meinen Freund Thomas stellte das vorerst kein Problem dar. Er war ein ausgezeichneter Schüler, strebsam und hatte außerdem den notwendigen Gerechtigkeitssinn. Als er in seiner Jugend allerdings begann, sich für Mode und Frisuren zu interessieren, änderten sich seine Jobwünsche. Nur allzu gerne hätte er eine Lehre zum Friseur gemacht, aber seine Vernunft und seine Eltern rieten ihm dazu, beim Jurastudium zu bleiben. Schließlich wurde Thomas Rechtsanwalt und erreichte sein Vernunftziel. Glücklich aber wurde er in diesem Job nicht. Mit siebenundvierzig Jahren revidierte er seine Entscheidung von damals und ließ sich zum Friseur ausbilden, um anschließend seinen eigenen Salon zu eröffnen.

In Thomas' Fall ist die Geschichte, indem er doch noch auf sein Herz vertraute, gut ausgegangen. Aus seinem Fehler können wir lernen und gleich jetzt damit beginnen, aus unseren Herzenswünschen Ziele mit Herz zu machen. So können Herz und Verstand anschließend gemeinsam ein erfolgreiches Projekt umsetzen, das uns tatsächlich erfüllt und glücklich macht.

Inspiration:

Zielüberprüfung

Hast du aktuell Ziele? Wenn ja, so zähle diese gedanklich auf oder mach dir ein paar Notizen. Falls du augenblicklich noch keine Ziele hast, kannst du zu einem späteren Zeitpunkt auf die folgende Übung zurückgreifen.

Um zu überprüfen, ob es sich bei deinen Zielen um verstandgetriebene und von der Umwelt beeinflusste Bestrebungen oder tatsächlich um Herzenswünsche handelt, kannst du dir folgende Fragen stellen. Weiter unter findest du die Auflösung zu deinen Antworten.

1. Wenn es niemanden außer dir gäbe, der sehen könnte, dass sich dein Wunsch erfüllt, wäre es trotzdem dein Wunsch?
2. Wenn sich dein Wunsch oder Ziel erfüllt, wer profitiert am meisten davon?
3. Was würdest du als Erstes tun, wenn sich dein Wunsch erfüllt?

Auflösung:

1. Lautet deine Antwort »Nein«, so handelt es sich nicht um einen Herzenswunsch, sondern um einen Wunsch, der dir durch die Vorstellung anderer auferlegt wurde. Lautet sie »Ja«, so ist es mit hoher Wahrscheinlichkeit ein Herzenswunsch, der richtig viel Sog hat.
2. Wenn du selbst am meisten von deiner Wunscherfüllung profitierst, kannst du davon ausgehen, dass es zu 100 % dein Herzenswunsch ist. Das ist natürlich und nicht verwerflich. Wenn du selbst und andere gleichermaßen davon profitieren, handelt es sich in der Regel auch um deinen Herzenswunsch. Wenn andere von deiner Wunscherfüllung mehr profitieren als du, ist es vermutlich ein Wunsch, der dir unbewusst auferlegt wurde, durch deine Glaubenssätze entstand oder durch dessen Erfüllung du anderen etwas beweisen möchtest.
3. Wenn deine Antwort Ich-bezogen ist, also zum Beispiel: Ich würde als Erstes einen Luftsprung machen, vor Freude weinen, mir meinen Traumurlaub buchen – so ist das ein Indiz dafür, dass es sich um deinen Herzenswunsch handelt. Wenn deine erst Intention ist, zum Hörer zu greifen und jemandem davon zu erzählen, dann könnte, muss es aber nicht, ein Zeichen dafür sein, dass es sich um einen »falschen« Wunsch handelt, hinter dem zum Beispiel die Sehnsucht nach Anerkennung steckt. Dass du im zweiten Schritt dein Glück auch teilen möchtest, ist aber mehr als menschlich und sagt wenig über die Qualität deines Wunsches aus.

Ziele mit Herz – deine Wunschbiografie

»Ziele mit Herz« könnte das Motto lauten, wenn wir eine Lebensbiografie gestalten möchten, die uns tatsächlich glücklich macht. Genügend Wünsche für solch eine Biografie haben die meisten von uns, aber an der Umsetzung hapert es häufig, wie du wahrscheinlich aus eigener Erfahrung weißt. Denn wenn es darum geht, den ersten Schritt zu tun, wird uns dabei oft bewusst, dass wir dazu die berühmte Komfortzone verlassen müssten. Und wir fragen uns dann:

Will ich das wirklich? Brauche ich diese weiteren Ziele und Wünsche überhaupt? Geht es nicht einfacher und bequemer ohne?

Die Antwortet lautet: Klar, wir können auch ohne Ziele glücklich sein. Und natürlich dürfen wir auch einmal eine Zeit lang ziellos durchs Leben gehen und einfach nur genießen, was ist. Wenn wir jedoch unzufrieden sind und es an verschiedenen Stellen unseres Lebens zwickt und zwackt, dann ist es klug, etwas zu ändern. Zum Beispiel, indem wir uns Ziele setzen. Denn Ziele geben Klarheit, sie stellen quasi die Kapitelüberschriften unserer Wunschbiografie dar. Wer nicht weiß, in welche Richtung er laufen soll, wird wohl kaum bei seinem Ziel ankommen und so womöglich am Ende seiner Tage enttäuscht auf sein Leben zurückblicken und sich wünschen, er hätte noch einmal die Gelegenheit, seine Biografie neu zu schreiben.

Aller Anfang ist schwer. Deswegen halte dir in Bezug auf deine Ziele das folgende Zitat von Gotthold Ephraim Lessing vor Augen:

Der Langsamste, der sein Ziel nicht aus den Augen verliert, geht immer noch schneller als der, der ohne Ziel herumirrt.

Zurück dazu, wie du es anstellst, deine Ziele, sprich die Grundlage für deine Wunschbiografie, zu finden und zu konkretisieren: Eine spannende Methode aus dem Mentaltraining, die du im Anschluss findest, kann dir dabei helfen.

Inspiration:

Brief an eine Freundin!

Bei dieser Methode beamst du dich in Gedanken zwanzig Jahre in die Zukunft. Du sitzt nun also um einiges älter, aber sehr zufrieden zu Hause und liest dieses Buch. Plötzlich fällt dir der Brief wieder ein, den du heute Morgen aus dem Postfach geholt hast. Der Absender des Briefes ist eine sehr gute Freundin oder ein guter Freund von dir. Er/Sie schreibt dir, wie es ihm/ihr in den letzten zwanzig Jahren ergangen ist, und möchte nun umgekehrt wissen, was sich bei dir getan hat. Überlege dir, was du ihm/ihr alles über die vergangenen Jahre, in denen du dir sehr viele Wünsche erfüllt hast, erzählen möchtest. Folgende Fragen können dich dabei unterstützen:

- Was hast du erlebt?
- Was hast du gelernt? (Sprachen, stricken, skateboarden ...)
- Welche Länder hast du bereist? Welche Menschen getroffen?
- Wie hast du dich persönlich weiterentwickelt? (Fähigkeiten, Charaktereigenschaften)
- Welche Kompetenzen hast du entwickelt? Auf welchen Gebieten bist du ein Profi?
- Welche Werte hast du verfolgt und in dein Leben integriert?
- Welche kleinen und großen Erfolge hast du verbucht?
- Welche Beziehungen hast du aufgebaut und gepflegt?
- Hast du geheiratet? Hast du Kinder? Hast du ein Haus gebaut? Bist du ausgewandert? Hast du dich selbstständig gemacht?

- Was hast du erschaffen?
- Was hat dich so richtig glücklich gemacht?

Am besten setzt du dich an deinen Laptop oder schnappst dir einen Notizblock und schreibst diesen Brief tatsächlich. Konzentriere dich dabei bitte nicht darauf, was momentan realistischerweise möglich ist, sondern fokussiere dich auf deine Herzenswünsche. Beschreibe deinem Freund/deiner Freundin, wie dein Traumleben verlaufen ist.

Bei dieser Methode kommen nicht nur Ziele zum Vorschein, sondern häufig auch Werte, die in Kombination mit deinen Wünschen und Zielen relevant sind. Ist der Brief erst einmal niedergeschrieben, lassen sich daraus leicht Wünsche ablesen, die du durch deine Entscheidung jederzeit zu Zielen werden lassen kannst.

Entscheidest du dich dafür, einen Wunsch wahr werden zu lassen, so ergibt sich daraus ein Ziel!

Sei ein Elefant und lebe deine Berufung!

Kennst du sie, die Sehnsucht nach der beruflichen Selbstverwirklichung?

- Du sehnst dich nach einem Job, der dir Freude schenkt, anstatt dir deine Energie zu stehlen?
- Du möchtest im Beruf endlich einmal gesehen, anerkannt und wertgeschätzt werden?
- Du wünschst dir, deine Talente und speziellen Fähigkeiten zu entdecken oder zu stärken und durch deine Arbeit zum Ausdruck zu bringen?
- Du sehnst dich nach einer Tätigkeit mit Sinn – nach einer Aufgabe, die dich erfüllt?
- Du willst einen wertvollen Beitrag für die Gesellschaft leisten?
- Du möchtest morgens erwachen und dich auf deine Arbeit freuen?

Mehr als die Hälfte unserer Lebenswachzeit verbringen wir im Durchschnitt mit Arbeit. Kein Wunder, dass immer mehr Menschen die Sehnsucht nach einer erfüllenden Aufgabe entwickeln. Zumal unser Beruf auch eine wesentliche Rolle für unseren Selbstwert spielt. Werden wir im Job anerkannt, leisten wir eine wertvolle Arbeit, von der auch andere profitieren, und sind wir in dem, was wir tun, richtig gut, so fühlen wir uns wichtig und gebraucht. Quälen wir uns stattdessen jeden Tag ins Büro und haben das Gefühl, dass unsere Arbeit weder für uns selbst noch für andere eine große Bedeutung hat, so fühlen wir uns weniger wertvoll. Die berufliche Selbstverwirklichung nimmt daher einen wesentlichen Einfluss auf die Zufriedenheit unserer Gesamtlebensbilanz.

Gleichzeitig wird es uns nicht immer leicht gemacht, diese auch zu leben. Viele Menschen ahnen nur, dass in ihnen bestimmte Fähigkeiten und Talente besonders stark ausgeprägt sind. Finanzielle und soziale Verpflichtungen aber lassen häufig nicht genügend Spielraum, um ihnen auf den Grund zu gehen. Irgendwann vergessen sie dann, dass es in ihnen dieses Feuer, diese Sehnsucht nach Selbstverwirklichung, einmal gab. Ich denke dabei gerne an die Geschichte mit dem angeketteten Elefanten, die du vielleicht kennst und die ich dir in einer abgewandelten, persönlich erlebten Form erzählen möchte:

Bereits als kleines Mädchen faszinierten mich Elefanten. Diese riesigen und starken Tiere, die mit ihrer Kraft dazu in der Lage sind, Bäume samt den Wurzeln auszureißen. Als bei uns im Ort eines Tages ein Zirkus Halt machte, suchte ich das Gelände auf und begab mich auf Entdeckungstour. Das Highlight meiner Tour war ein ausgewachsener Elefant. Das Tier war lediglich mit einer Kette an einen kleinen Holzpflock angebunden. Und obwohl die Kette mächtig und schwer wirkte, stand für mich außer Frage, dass er sich mit Leichtigkeit von diesem Pflock hätte befreien können.

Was also hielt den Elefanten zurück? Warum machte er sich nicht auf und davon?

Vor einiger Zeit fand ich die Antwort darauf. Der Elefant floh nicht, weil er schon seit seinen frühen Jahren an den Pflock gekettet war. Als er klein war, hatte er vergeblich versucht, sich loszureißen, aber ihm fehlte damals die Kraft dazu, weswegen er irgendwann aufgab und sich seinem Schicksal fügte. Nie wieder versuchte er, seine Kraft auf die Probe zu stellen. Auch mir erging es lange Zeit wie dem Elefanten. Als Kind träumte ich davon, Journalistin zu werden, die Welt zu bereisen und eines Tages ein Buch zu schreiben. Aber schon bald wurde mir in der Schule durch mäßige Benotungen bewusst gemacht, dass ich nicht das Zeug für einen akademischen Beruf oder die große Autorenkarriere hätte. In meiner Schulzeit gab es außerdem noch Leistungsgruppen, ein absolutes No-Go, wie ich heute finde. Und weil ich eben nur Durchschnitt war, setzte man mich überall in die zweite von drei Leistungsgruppen.

So kam es dann, dass ich anstatt jener Ausbildung, die mich hin zu meinem Traumjob geführt hätte, eine zur Bürokauffrau machte. Damals hatte ich meine Träume noch nicht völlig aufgegeben und kriegte mich deshalb regelmäßig mit meinen Vorgesetzten in die Haare, die teilweise mit negativer Kritik sehr großzügig waren, aber im Gegenzug dazu so gut wie nie Lob verteilten. Bildlich gesprochen war ich wie der kleine Elefant, der sich losreißen wollte, aber es nicht schaffte, weil er noch nicht stark genug war. Nach einiger Zeit gab ich auf und begann zu glauben, dass ich tatsächlich keine besonderen Fähigkeiten und keine Talente hätte.

Die Idee des kleinen Elefanten in mir überlebte dennoch. Nach vielen Jahren der Resignation erlangte ich

Schritt für Schritt Bewusstsein über meine Leidenschaften und über die Fähigkeiten, die sich daraus ergaben. Kurze Zeit später krallte ich mir dann meinen ersten Traumjob als Kommunikationstrainerin. Und einige Jahre später, also heute, habe ich bereits vier Bücher geschrieben, darunter sogar einen SPIEGEL-Bestseller, und mehr als 500 Blogartikel verfasst, die mehr als 20 Millionen Mal abgerufen beziehungsweise gelesen wurden.

Womöglich ergeht es auch dir manchmal so wie dem Elefanten, der glaubt, nicht stark genug zu sein. Vielleicht nutzt du deine Potenziale, die du im Laufe der Jahre weiterentwickelt hast, nicht aus. Bist du dir wirklich deiner Fähigkeiten, deiner Stärken und Talente bewusst? Oder glaubst du, es ohnehin nicht zu schaffen, und versuchst daher erst gar nicht, dich zu befreien?

Egal, wie deine Antwort lautet – ich möchte dir an dieser Stelle eines mitgeben: Jeder Mensch hat Stärken und Talente. Und deshalb möchte ich dich dazu einladen, die folgende Übung, die dich dabei unterstützt, ein großer Elefant mit dem Herzen eines Kinderelefanten zu sein, auszuprobieren. Denn dieser kleine Elefant träumte davon, sich von der Kette loszureißen, um anschließend in den Wald zu rennen und endlich das zu tun, was er gut kann, was ihn erfüllt und glücklich macht. Und genau unter dieser Betrachtungsweise können auch wir wieder Kontakt zu unseren einstigen Träumen in Bezug auf die berufliche Selbstverwirklichung aufnehmen.

Inspiration:

Kindheitserinnerungen aufleben lassen

Überlege, welche Träume du im Kindesalter hattest.

Welcher Beruf war für dich damals erstrebenswert? Feuerwehrfrau, Krankenschwester, Zoowärter, Rechtsanwältin, Florist, Lehrer? Wovon hast du geträumt? Wie wolltest du sein und was erreichen? Vielleicht findest du auch ein altes Notizbuch oder Tagebuch, in dem sich Hinweise auf deine einstigen Berufswünsche wiederentdecken lassen.

Frage dich außerdem, was du als Kind gerne gemacht hast. Gemalt, im Wald getollt und Hütten gebaut, Geschichten geschrieben, Witze erzählt, gebastelt, Fußball gespielt, gesungen? All diese Tätigkeiten könnten dir Hinweise darauf geben, worin auch heute noch deine besonderen Fähigkeiten liegen.

Womöglich gibt es aktuell spezielle Bereiche, in denen deine Vorgehensweise der eines Kindes ähnelt. Du erkennst solche Tätigkeiten daran, dass du dabei die Zeit vergisst, weil du dich so konzentrierst und interessierst. Handwerken, recherchieren zu einem bestimmten Thema, nähen, kochen, fotografieren, tanzen, dichten, dekorieren, ...

Notiere dir dazu vorerst einfach ein paar Stichworte und leg das Blatt oder den Notizblock anschließend zur Seite. Wenn wir Fähigkeiten und Bereiche entdecken, die von Leidenschaft erfüllt sind, bringen wir das Feuer der Begeisterung wieder zum Brennen. Meist weicht diese Leidenschaft, wenn sie neu entdeckt wurde, kaum mehr von unserer Seite. Unser Unbewusstes speichert Informationen, die mit starken Gefühlen besetzt sind, und arbeitet unbemerkt daran.

Es besteht also die Möglichkeit, dass dir in den nächsten Tagen, Wochen oder Monaten ein konkreter Gedanke kommt, der es dir ermöglicht, deine liebsten Tätigkeiten oder Talente beruflich zu integrieren. Es kann aber auch sein, dass es dir in einigen Tagen wie Schuppen von den Augen fällt und du feststellst, dass du auf Grund deiner Erkenntnisse dringend den Job wechseln oder einen eigenen Laden eröffnen willst. Womöglich kommt auch ein Berufswunsch hoch, der aktuell nicht für dich machbar ist, weil dir die Zeit oder das Geld für die entsprechende Ausbildung oder Umschulung fehlen. Leg diesen Wunsch trotzdem nicht ganz beiseite, denn es ist möglich, dass du Wege findest, eine adaptierte Form deiner Berufung zu realisieren. Ich wurde ja beispielsweise auch nicht Journalistin, sondern lebte meine Schreibliebe vorerst als Hobby über meinen eigenen Blog aus und wurde so von ersten Verlagen entdeckt, die Interesse an einem Buch von mir hatten. Es gibt immer Wege, deiner Berufung möglichst nahe zu kommen.

Vielleicht aber regen dich die Überlegungen auch dazu an, deinem liebsten Hobby wieder vermehrt Zeit zu widmen und beruflich alles beim Alten zu lassen. Auch das ist ein schöner Erkenntnisgewinn und völlig in Ordnung.

Das Sahnehäubchen: der richtige Lebenspartner

Gerade bei der Partnerwahl verlasse ich mich gerne auf mein Urvertrauen. Ich bin der Meinung, wenn wir das tun, was uns guttut, wenn wir ganz wir selbst sind und wenn wir der Stimme unseres Herzens folgen, gelangen wir ohne großartige Pläne immer an die richtigen Orte. Und an einem dieser Orte befindet sich dann auch unser Seelenpartner.

Natürlich ist dieser Gedankengang nicht für alle sofort glaubhaft genug. »Das ist doch absoluter Eso-Quatsch und nicht belegbar«, wirft meine Freundin Gisela beispielsweise ein, wenn ich ihr von meinem Urvertrauen erzähle. Für all jene, die ähnliche Zweifel wie Gisela hegen oder einfach mehr Fakten brauchen, möchte ich daher das Thema Partnersuche etwas genauer beleuchten.

Frauen sind Beziehungsmenschen! Das waren sie schon immer. Bereits in der Steinzeit haben Frauen sich auf die Menschen um sie herum, sprich auf ihre Babys und die anderen Frauen, die mit ihnen in der Höhle saßen, sowie auf die Männer, die meist auf der Jagd waren, konzentriert. Überreste des Steinzeitgehirns sorgen auch noch heute dafür, dass bei den meisten Frauen an erster Stelle die Familie steht. Bei Männern verhält sich das in vielen Fällen nicht immer so. Natürlich ist auch den meisten Männern eine Partnerin und Familie wichtig. Allerdings spielen im Durchschnitt weitere Faktoren wie beispielsweise Job, früher eben die Jagd, ebenso eine prioritäre, manchmal sogar gleichrangige Rolle. Frauen hingegen sind in der Regel sehr ungern Einzelgängerinnen. Sie wünschen sich einen Partner an der Seite, mit dem sie das Leben und Glück teilen können. Diese Sehnsucht ist der Ausdruck unseres Urinstinktes. Deshalb ist sie auch bei vielen Frauen besonders stark ausgeprägt.

Der Gedanke, das Leben allein meistern zu müssen, erweckt oft große Ängste. Und weil Angst nun mal ein sehr kraftvolles Gefühl ist, lassen wir uns von ihr oft leiten. Das hat einen negativen Beigeschmack. Manche Menschen irren durch die Welt und glauben, ihr Leben könne erst dann glücklich und erfüllt sein, wenn sie ihren Traumpartner gefunden haben. Die meisten Menschen, denen es so ergeht, denken, dass ein Partner ihr Rettung sei und gleichzeitig alle anderen fehlenden Komponenten im eigenen Leben füllen würde. Zum Beispiel das fehlende Selbstwertgefühl wiederherstellt, indem er sie täglich mit Komplimenten, Geschenken und unzähligen Gesten der Liebe überschüttet. Oder das Gefühl der Einsamkeit durch permanente Anwesenheit und tiefgründige Gespräche ersetzt. Oder ihrem Leben endlich einen Sinn gibt, indem er sie heiratet und mit Kindern beschenkt. Die Hoffnung aber erfüllt sich selten.

Wer allein nicht glücklich ist, der ist es in der Regel in einer Partnerschaft ebenso nicht.

Am Anfang mag es womöglich den Anschein haben, doch wenn die Verliebtheit, die dazu führt, dass wir ständig einen Hormoncocktail ausschütten, wieder abnimmt, ist relativ rasch klar, dass das Glück nur von kurzer Dauer war. Erinnere dich zurück an das Kapitel Selbstliebe. Wenn uns von außen jemand Liebe und Anerkennung schenkt, wir aber selbst ein Leck haben, sprich, keine Selbstliebe empfinden, ist es wie mit einer kaputten Kaffeetasse. Der Partner schenkt anfangs noch eifrig Kaffee ein, indem er uns seine ganze Aufmerksamkeit widmet und immer ein paar liebevolle Worte für uns übrig hat. Die Kaffeetasse ist aber auf Grund des Lecks schnell wieder leer, weil wir bei mangelnder Selbstliebe nicht daran glauben, dass wir Liebe und Glück wahrhaftig verdient haben. Der Partner bemerkt das und ist immer weniger motiviert, uns Kaffee nachzuschenken, denn das unstillbare Bedürfnis verletzt oder nervt ihn irgendwann. Und dann sitzen wir wieder da mit unserer leeren Tasse und sehnen uns nach Kaffee, der unserem Leben endlich Fülle verleiht. Daher müssen wir selbst die Tasse reparieren und uns von innen heraus Selbstliebe und Glück einschenken. Die Inspirationen und Methoden der Kapitel rund um die Selbstliebe eignen sich hierfür ideal. Der Partner stellt dann lediglich das Sahnehäubchen unseres Lebens-Cappuccinos dar.

Wer also schon länger auf Partnersuche ist und noch immer nicht fündig wurde, der könnte an dieser Stelle sein Ziel adaptieren und anstatt den Partner des Lebens lieber das Glück des eigenen Lebens suchen. Ich bin davon überzeugt, dass, wenn wir dieses Glück erst einmal gefunden haben, der oder die Richtige automatisch zu uns findet. Ideen dazu findest du in den »Glücksdünger«-Kapiteln.

Ein weiterer Aspekt, der beim Thema Partnerwunsch von großer Bedeutung ist, sind die persönlichen Vorstellungen, den Zukünftigen oder die Zukünftige betreffend. Immer wieder habe ich in den letzten Jahren von Freunden und Klienten gehört, was der Partner ihrer Träume nicht alles können, wie er sein und vor allem, wie er aussehen sollte. Und auch ich war lange Zeit nicht viel besser. So wünschte ich mir beispielsweise einen Mann, der so tiefsinnig wie meine älteste Freundin, so selbstbewusst wie Cristiano Ronaldo und so großzügig wie mein Vater ist.

Unsere Ansprüche an den zukünftigen Partner sind oft sehr hoch. Prinzipiell ist dagegen nichts einzuwenden. Auf der anderen Seite glaube ich, dass es sehr schwierig ist, mit einem perfekten Exemplar von Partner zurechtzukommen.

Das beste Beispiel ist meine liebe Bekannte Renate. Denn auch sie hatte, was ihren Zukünftigen betrifft, ziemlich hohe Ansprüche. Einen perfekt durchtrainierten Body, die Mindestgröße von 1,80 Meter sowie einen akademischen Beruf sollte er haben. Nach langer Suche fand sie ein Exemplar, das ihren Ansprüchen genügte. Glücklich aber wurde sie mit diesem nicht. Ihr annähernd perfekter Partner löste in ihr schon bald Minderwertigkeitsgefühle aus. Er hatte einen Managerposten, sie war Angestellte in einem Blumenhandel. Er hatte einen Waschbrettbauch, sie ein kleines Schwabbelbäuchlein. Er erntete interessierte Frauenblicke, sie lediglich den begehrlichen Blick des pensionierten Nachbarn. Der perfekte Partner löste in Renate mehr und mehr Selbstzweifel aus. Im Vergleich zu ihm fühlte sie sich klein, nicht klug und erfolgreich genug, unbedeutend und hässlich. So kam es, dass sich Renate von ihm trennte und daraufhin beschloss, ab sofort neue Kriterien in Bezug auf ihren Traumprinzen festzulegen. Als sie vor einiger Zeit ihrem Liebsten, Martin, das Jawort gab, betonte sie in einem Gespräch mit mir, wie wunderbar es ist, auf seinem weichen Bäuchlein einzuschlafen, während er über ihre Stirn streichelt und seinen Stolz bekundet.

Wer Renates Fehler vermeiden und sein Suchprofil verfeinern möchte, kann sich vorerst mit den wirklich wesentlichen Zügen des zukünftigen Partners auseinandersetzen. Dazu gibt es die folgende Inspirationsübung.

Inspiration:

Traumpartner basteln

Anstatt dir den perfekten Mann herbeizuwünschen, bastelst du dir eine realitätsnahe Variante, mit der du nachhaltig zufrieden bist.

Frag dich dazu:

- Was ist mir wirklich an meinem Partner wichtig?
- Welche Eigenschaften und Stärken soll er haben?
- Welche Werte und Vorstellungen soll er besitzen?
- Welche Interessensgebiete oder Hobbys sollte er idealerweise haben?
- Wie möchte ich, dass er mich behandelt?
- In welchen Bereichen darf er ruhig auch »unperfekt« sein?

Anschließend ist es hilfreich zu eruieren, was du im Gegenzug zu deinen Erwartungen in die Beziehung einbringen willst und kannst.

Durch diese Notizen wird dir dein Traumpartner zwar auch noch nicht via Paketdienst nach Hause geliefert, aber sie unterstützen dich dabei, deine Sensoren im Unterbewusstsein zukünftig in die richtige Richtung auszurichten.

Weitere Methoden, die dich dabei unterstützen, dir diesen und weitere Wünsche zu erfüllen, findest du im Folgekapitel.

Partnerschaft und Beruf sind wesentliche Komponenten in unserem Leben. Aber auch dann, wenn diese noch nicht erfüllt sind, ist das kein Grund, Trübsal zu blasen. Ganz im Gegenteil – du könntest dich einfach in Vorfreude üben, und anstatt die unerfüllten Wünsche zu beklagen, die Energie darauf verwenden, dich auf dich selbst zu konzentrieren. Denn bestimmt hast auch du noch weitere Wünsche und Träume, denen wir gemeinsam im Folgenden unsere Aufmerksamkeit schenken können.

Durchstarten – wie Wünsche wahr werden

Wer sich nicht nur Ziele setzen, sondern diese auch erreichen möchte, benötigt eine Strategie, die ihn dazu auffordert zu handeln. Schließlich kann man auch kein Haus bauen, ohne sich vorerst überlegt zu haben, wie dieses aussehen soll und welche Unterstützung man für den Bau benötigt.

Daher bewährt es sich, sich mit seinen Wünschen so oft wie möglich zu verbinden. Die Schwierigkeit, Ziele tatsächlich zu erreichen, geht oftmals mit unserem Alltag einher, in dem der innere Schweinehund gerne das Kommando übernimmt. Da unser Wunsch durch einen prall gefüllten Alltag gerne in Vergessenheit gerät, machen wir es dem Schweinehund leicht. Wenn wir uns das wunderbare Ziel, dessen Erreichung uns mit echter Freude erfüllen würde, aber permanent vor Augen halten, weicht der Verhinderer schneller von unserer Seite.

Wie können wir uns im Alltag immer wieder mit unseren Zielen und Wünschen verbinden?

Ich mache es mir im Leben gerne so leicht wie möglich, weswegen ich auf Methoden zurückgreife mit geringem Zeitaufwand.

Genau dieses Prinzip empfehle ich auch dir bei der Auswahl deiner Wunschmethode. Wähle eine der folgenden Übungen und beginne gleich heute damit, diese aktiv in deinen Alltag zu integrieren.

Inspiration:

Wunsch-Alltag

- **Bilder:** Eine der einfachsten Methoden, sich mit seinen Zielen zu verbinden, ist das Visualisieren. Unser Unterbewusstsein, das unbewusst unser Leben und unsere Handlungen steuert, liebt außerdem die Sprache der Bilder. Es nimmt sie bis zu 60.000-mal schneller auf als das gesprochene Wort. Außerdem sind Bilder in ihrer Verständlichkeit für unser Unbewusstes noch klarer und somit das ideale Instrument, wenn es darum geht, den Glauben an die eigenen Wünsche und Fähigkeiten zu stärken. Idealerweise entwickelst du zu deiner Zielerreichung einen Kurzfilm, den du vor deinem inneren Auge abspielst. Tu einfach mal so, als ob du das Ziel bereits erreicht hättest, und beobachte, wie du darauf reagierst. Welche Gefühle und Gedanken nimmst du wahr? Lass diesen Film anschließend mindestens einmal täglich vor deinem inneren Auge ablaufen. Das kannst du zum Beispiel am Weg in die Arbeit, im Bus, beim Warten auf die Straßenbahn oder abends im Bett, bevor du das Licht ausknippst, tun.
- **Affirmationen:** Eine weitere Methode, um mit seinen Wünschen in Resonanz zu bleiben, sind die von mir bereits erwähnten Affirmationen. Positive Glaubenssätze, die durch kontinuierliche Wiederholung laut oder in Gedanken in deinem Unbewussten verankert werden. Idealerweise kreierst du dabei einen Satz in der Gegenwartsform, der

dir immer wieder suggeriert, dass du den definierten Wunsch bereits erreicht hast. Auch hier ist es wichtig, die Aussagen einfach, klar und knapp zu halten, damit unser Unterbewusstsein diese schneller aufnehmen kann. Zum Beispiel:

- Ich bin eine erfolgreiche Autorin.
- Ich lebe in einer traumhaften Partnerschaft.
- Ich habe eine glückliche Familie.
- Ich bin erfolgreich in meinem Job.
- Ich lebe in meiner Traumwohnung.
- Ich bin fit und schlank.
- Ich lebe meinen Traum vom Unternehmerdasein.
- Ich bin eine wundervolle Mutter oder ein wundervoller Vater.
- Ich laufe den Marathon mit Leichtigkeit.

Diese Sätze solltest du an mindestens 21 aufeinander folgenden Tagen mehrmals täglich wiederholen. Idealerweise sogar an 28 Tagen, da unsere Aufnahmefähigkeit je nach Außenbelastung stark variiert. Auch diese Methode kannst du ideal in den Alltag integrieren. Du kannst beispielsweise die Zeit auf der Toilette, während des Zähneputzens oder wenn du mit einem Lift fährst, dazu nutzen.

- **Kurzer Besuch in der Zukunft:** Wenn du sehr planungsaffin bist, kannst du es folgendermaßen angehen: Stell dir vor, du gehst heute Abend wie üblich zu Bett und fällst in einen tiefen Schlaf. In den nächsten Wochen oder Monaten entwickelt sich alles so, wie du es dir wünschst. Anschließend erwachst du wieder aus deinem tiefen Schlaf. Alles hat sich genauso gefügt, wie du es dir zuvor ausgemalt hast. Du hast dein Ziel quasi über Nacht erreicht. Aber woran bemerkst du nun, dass sich die Wunscherfüllung bereits eingestellt hat?

- Was ist an diesem Morgen anders?
- Was würdest du tun? Wie würdest du dich verhalten?
- Was würdest du sagen?
- Was würden andere über dich sagen?
- Was würdest du denken?

Die Antworten auf diese Fragen geben dir entscheidende Hinweise für deine nächsten Schritte. Halte diese schriftlich fest. Vereinbare mit dir selbst einen Zeitraum, in dem du deine Zwischenziele erreichen möchtest.

Ziele dürfen leicht sein!

Mein Lehrer und Ausbilder sagte mir einst: »Alles, was leicht geht, geht. Alles, was nicht leicht geht, geht nicht.« Das bedeutet zum einen, dass, wenn etwas leicht geht, der Weg freudvoll und stimmig erscheint, du vermutlich am richtigen Dampfer bist. Also das von dir festgelegte Ziel mit deinem Innersten übereinstimmt. Und zum anderen bedeutet es, dass wir unsere Ziele und Wünsche immer wieder revidieren können, wenn wir bemerken, dass der festgelegte Weg Unbehagen bereitet oder einfach nicht mehr für uns passt. Manche mögen das als aufgeben interpretieren – in Wahrheit ist das aber Selbstfürsorge. Genauso, wie wir uns selbst stetig verändern und weiterentwickeln, dürfen sich auch unsere Ziele und Wünsche weiterentwickeln. Wir müssen uns nicht in ein altes Zielkorsett zwängen, nur weil wir das irgendwann für richtig hielten.

Unsere Gefühle sind wichtige Indikatoren dafür, ob Ziele wirklich richtig und gut für uns sind oder eben nicht.

Das beste Beispiel ist ein frühes Romanprojekt von mir. Vor nunmehr fünfzehn Jahren hatte ich mir vorgenommen, ein Buch zu schreiben und dieses zu veröffentlichen. Ich arbeitete damals Vollzeit in der Bank, jobbte nebenbei im Betrieb meiner Eltern, besuchte die Abendschule und renovierte meine Wohnung. Trotzdem zog ich meinen Plan, innerhalb von zwölf Monaten ein Buch zu schreiben, durch. Ich zwang mich immer wieder aufs Neue, mich spät nachts oder am Wochenende vor den PC zu setzen, um an einem Buch zu arbeiten.

Leider wurde dieses Buch niemals verlegt. Denn als ich begann, es Korrektur zu lesen, war ich unzufrieden mit den Inhalten und begann, es umzuschreiben. Dieses Szenario spielte sich in den letzten fünfzehn Jahren immer wieder ab. Mittlerweile wäre das Buch fertig, aber es besitzt nun leider keinerlei Sog mehr für mich. Wahrscheinlich verlor ich diesen bereits, als ich mich in den stressigen Phasen meines Lebens immer wieder dazu zwang weiterzumachen.

Bei dem Buch, das du nun in Händen hältst, verhielt sich das völlig anders. In mir brannte die Sehnsucht, meine Ideen sowie die wirksamen Methoden des Mentaltrainings, die für mich so hilfreich waren, für all jene Menschen, die auf der Suche nach positiven Veränderungen in ihrem Leben sind, zugänglich zu machen. Getrieben von jeder Menge Freude und Leidenschaft sitze ich nun hier und vernachlässige all meine anderen Ziele, wie beispielsweise den Besuch im Fitnesscenter. Aber was soll's – wenn es leicht geht, dann geht es eben – und dagegen will ich auf keinen Fall ankämpfen.

Es ist besser, leichte Ziele von der Hängematte aus zu erreichen, als schwierigen Zielen mit dem Ferrari nachzujagen.

Dinge, die fließen, sollte man nicht aufhalten. Ich erkenne Dinge, die mir leicht von der Hand gehen und Freude machen heute als Zeichen des Universums, des Lebens oder meiner Intuition, dass ich hier genau auf dem richtigen Weg bin. Das heißt umgekehrt natürlich nicht, dass wir alles, was schwer geht, gleich aufgeben müssen. Aber wenn ein Projekt keinen Sog mehr für uns hat und keinerlei positive Gefühle auslöst, dann ist es vermutlich an der Zeit, sich einen neuen und fließenden Wunsch zu suchen.

Inspiration:

Prinzipien der Veränderung

Um das Thema Veränderungen, Wünsche und Ziele abzuschließen, habe ich noch ein paar Prinzipien mitgebracht, deren Integration in die Praxis den Weg zum Neuen erleichtert.

- Hinfallen – aufstehen – Krone richten – weitergehen. Lass dich von Misserfolgen nicht unterkriegen. Jeder, der jemals etwas Großartiges geschafft hat, musste zuvor Niederlagen einstecken und Hindernisse überwinden. Jeder Misserfolg ist daher gleichzeitig ein Schritt zum Erfolg.
- Ziele sind nicht in Stein gemeißelt. Falls sich also die äußeren Umstände verändern oder dir ein Ziel nicht mehr attraktiv erscheint, kannst du dieses jederzeit adaptieren.
- Lobe dich selbst und feiere deine Zwischenerfolge! Ziele sollen Spaß machen und das Selbstvertrauen stärken. Versuche dich nach jeder Aufgabe, die du erledigt hast, gedanklich oder vor dem Spiegel zu loben. Und vergiss nicht, deine Erfolge zu feiern. So richtig! Vielleicht schmeißt du sogar mal eine Zwischenerfolgsparty.
- Verabschiede dich von den Zweifeln! Mach dir bewusst, dass jeder, der bereits vor dir dasselbe oder ein ähnliches Ziel hatte, vermutlich auch Zweifel gehabt hat! Sieh deinen Zweifeln in die Augen und mach ihnen klar, warum du in der Lage bist, dein Ziel zu erreichen. Zur Unterstützung kannst du auch die Biografie eines Menschen lesen, der dich mit seinem Lebenswerk inspiriert hat.

- Glaub daran, dass du bereits erfolgreich bist! Denk dabei an all deine bisherigen Lebenserfolge und mach dir bewusst, welch schöpferische Kraft du besitzt!

Glänzen statt meckern

Du erinnerst dich an das Märchen von der Prinzessin auf der Erbse, von dem am Anfang des Buches die Rede war? Und an die Perle, die wir aus der Erbse gemacht haben? Die Prinzessin auf der Perle ist eine Frau, die lieber glänzt, statt zu meckern. Das bedeutet, wenn sie nachts aufwacht, weil etwas zwickt, weckt sie nicht den Prinzen oder die Hofdame und beschwert sich bei ihnen über ihren unleidigen Zustand, sondern begibt sich selbst auf die Suche nach dem scheinbaren Störenfried. Und dann findet sie plötzlich statt der alten Erbse eine wunderschöne Perle. Sie erkennt deren Schönheit und erfreut sich an ihr.

Meinem Blog, Buch und Podcast »Honigperlen« liegt eine ähnliche Metapher zugrunde. Vor allem geht es dabei natürlich um das Thema Einstellung. Ob die Perle nämlich einfach nur lästig oder sogar schmerzhaft ist oder aber ein wundervoller Schatz, das bestimmst du!

Einige Anregungen zu einer lebensbejahenden und selbstbestimmten Einstellung hast du bereits in den Glücksdünger-Kapiteln kennengelernt. Nun möchte ich weitere Ansätze, Geschichten und Methoden aufgreifen, die es dir ermöglichen, im Laufe deines Lebens noch viele weitere Perlen zu finden.

Eine glänzende Perspektive

Neulich kündigte sich meine Freundin Erika spontan zu einem Kaffee bei mir an. Gerne öffnete ich ihr die Tür, servierte ihr Kekse und Cappuccino und hörte mir die neuesten Ereignisse in ihrem Leben an. Eine Zeit lang fand ich das interessant. Nach einer Stunde aber begann ich mich maßlos zu ärgern.

Wieso eigentlich fragt mich Erika nie, wie es mir geht? Und wieso kann Erika ungeniert eine Stunde über ein Problem reden, das ausschließlich sie betrifft? Bekommt sie denn kein schlechtes Gewissen, wenn sie die ganze Zeit im Mittelpunkt steht? Kommt sie sich nicht blöd vor, sich selbst so wichtig zu nehmen? Diese und noch weitere Fragen, die den Ärger in mir emporsteigen ließen, beschäftigten mich.

In derselben Woche musste ich mich gleich noch einmal ärgern. Ich war mit meiner Kollegin Patricia zum Abendessen verabredet. Dass sie kein Zeitgefühl hat und daher gerne zu spät kommt, wusste ich schon, aber an diesem Abend ließ sie mich tatsächlich 45 Minuten warten. »Wie kann man bloß so unverschämt sein?«, fragte ich mich.

Was meinst du – sagen diese beiden Situationen etwas über mich aus?

Man könnte meinen, ich hätte mich völlig korrekt verhalten, nur meine Freundinnen wären unmöglich. Ganz so einfach ist es aber nicht. Nachdem ich Patricia meinen Unmut kundgetan hatte und außerdem beschloss, Erika beim nächsten Mal auf ihr selbstbezogenes Verhalten anzusprechen, entschied ich mich dafür, aus beiden Situationen einen Mehrwert in Form von Erkenntnissen zu generieren.

Wie schon erwähnt, gibt es immer zwei Seiten. Obwohl ich die oben genannten Eigenschaften von Erika und Patricia als ärgerlich empfinde, haben sie dennoch auch etwas Gutes!

Bevor ich dir aber verrate, warum, beantworte bitte folgende Fragen:

Inspiration:

Entdecke die andere Seite!

- Welche Eigenschaften kannst du an deinen Mitmenschen nicht ausstehen? Denke dabei konkret an Menschen, die dir sehr nahestehen.
- Was machen sie deines Erachtens falsch? Sind sie undankbar, unhöflich, egoistisch, laut, wütend, ignorant, nervig oder stur?

Bitte notiere dir all diese Eigenschaften.

Und nun kommen wir zur Kehrfrage:

- Welche positiven Qualitäten stecken hinter den von dir als negativ wahrgenommenen Eigenschaften?

Versuche dabei völlig objektiv zu sein. Frage dich also zum Beispiel, welche Vorteile es hat, »stur« zu sein. Die Antwort könnte lauten: Man erlangt seine Ziele und bleibt sich selbst treu. Im Falle von Erika, die im Rahmen meiner Erzählung selbstsüchtig und egozentrisch wirkt, ergeben sich positive Qualitäten wie: auf sich selbst achten, selbstbewusst sein, sich selbst zur obersten Priorität machen und sich selbst lieben. Patricias Unpünktlichkeit geht mit positiven Eigenschaften wie Gelassenheit, Spontaneität und Flexibilität einher.

Notiere dir alle positiven Kehreigenschaften zu den von dir niedergeschriebenen negativen Eigenschaften. Wenn du das gemacht hast, hältst du eine Liste voller positiver Qualitäten in deinen Händen. Was aber haben diese mit dir zu tun? Welche Bedeutung haben die negativen Eigenschaften deiner Mitmenschen also für dich?

Die Antwort ist ganz einfach.

Was dich trifft, betrifft dich!

Das heißt, wenn dich etwas ärgert, so liegt das nicht immer nur am anderen, sondern, vor allem wenn es dir bei verschiedenen Menschen immer wieder so ergeht, auch an dir. Während es mich stört, dass Patricia zu spät kommt, fände meine Freundin Lydia das nicht weiter schlimm, da sie selbst ebenfalls oft die Zeit übersieht und darin keine böse Absicht erkennt. Das wiederum bedeutet, der Katalysator für den Ärger über ein bestimmtes Verhalten oder eine Eigenschaft liegt in uns selbst.

Wir ärgern uns über Eigenschaften oder Verhaltensweisen der anderen nur deshalb besonders, weil wir uns selbst nicht erlauben, diese auszuleben. Wirf einen Blick auf die von dir als positiv notierten Adjektive und frage dich, ob du dir selbst erlaubst, so zu sein. Meist ist dem nicht so!

Diese Erkenntnis kann dich dabei unterstützen, dir zukünftig mehr zu erlauben. Auch du kannst einmal egoistisch oder besser gesagt selbstliebend sein, dich selbst an erste Stelle stellen, dir Zeit und Raum nehmen und gelassen anstatt immer perfekt pünktlich sein. Erlaube es dir und mach dir dein Leben dadurch leichter.

Was noch nicht ist, soll werden

Wenn uns Angst und Bange überrollen, weil uns klar wird, dass wir in Windeseile gealtert sind und wir nur noch begrenzt Zeit für die Umsetzung unserer Lebensträume haben, so steigt in uns ein weit verbreitetes Gefühl von Panik auf – die »Torschlusspanik«.

Vielleicht warst du schon einmal mit diesem Gefühl konfrontiert? Die Auslöser dafür liegen klar auf der Hand. Uns Menschen steht zum einen nur eine begrenzte Lebenszeit zur Verfügung und zum anderen altert unser Körper von Tag zu Tag, weswegen man vor allem bei Frauen gerne von der biologisch tickenden Uhr spricht. Ich behaupte nun einmal, dass wir Frauen dabei einem besonderen Druck ausgesetzt sind. Während unsere Lebensziele sich vor einigen Jahrzehnten hauptsächlich auf die Familie, den Haushalt und den Garten bezogen, hat die gesellschaftliche Entwicklung mittlerweile dazu geführt, dass uns auch beruflich alle Türen offenstehen. Daraus ergibt sich für viele eine Situation von Freiheit und Last zugleich.

Zum einen wollen wir uns verwirklichen, einem erfüllenden Job nachkommen und vielleicht sogar die Karriereleiter hochklettern und zum anderen schlummert der Wunsch nach der eigenen Familie in vielen von uns. Dazu ist es notwendig, den richtigen Partner zu finden, der all diese Ziele mitträgt. Frauen, die »ihn« bis Mitte dreißig noch immer nicht gefunden haben, fühlen sich oftmals darin bestätigt, dass es besonders schwierig ist, den richtigen zu finden. Es gilt auch zu bedenken, dass die Furcht vor dem Alleinsein eine der größten Urängste der Menschen ist. Die Hoffnung sinkt und die Panik nimmt zu.

Selbst für jene Frauen, die scheinbar beides »geschafft« haben, ist der Kampf noch nicht beendet. Beinahe gleichzeitig müssen unterschiedliche Rollen eingenommen werden: Hausfrau, Mutter, Geschäftsfrau, Ehefrau, Freundin, fürsorgliche Tochter. Burn-outs bei Frauen, die Teilzeit arbeiten und gleichzeitig das Familienkommando haben, nehmen in den letzten Jahren sehr stark zu.

Auch Menschen, die sich für ein Leben ohne Kinder entschieden haben, bleibt nicht ewig Zeit, alle Pläne umzusetzen. Wir ahnen, dass wir mit sechzig oder siebzig vielleicht weniger Energie dazu haben werden, einen komplett neuen Lebensweg, wie beispielsweise auszuwandern, uns selbstständig zu machen oder den Job zu wechseln, einzuschlagen.

Wenn es auch dir, egal ob Frau oder Mann, gelegentlich so ergeht und du dich situativ immer wieder einmal deinen angstgetriebenen Gedanken hingibst, so beruhigt es dich vielleicht zu wissen, dass du mit diesen Überlegungen keinesfalls allein bist. Deine Sorgen sind absolut natürlich.

Am besten besinnst du dich an dieser Stelle darauf, dass es für kaum eine Unternehmung tatsächlich jemals zu spät ist. (Ausgenommen die biologische Uhr, auf die ich später noch zu sprechen komme.) Dennoch erscheint es diesbezüglich häufig unmöglich, den Ängsten ihre Energie zu entziehen oder gar optimistisch zu denken. Aus Sicht der Mentallehre ist das äußerst kontraproduktiv. Wenn deine Sorgen stetig Aufmerksamkeit bekommen, so erhöht sich von Tag zu Tag die Wahrscheinlichkeit, dass diese auch begründet sind. Wir kennen dieses Phänomen von überängstlichen Menschen. Jemand, der sich ständig davor fürchtet, krank zu werden oder sich bei anderen anzustecken, der wird besonders oft krank. Geist und Körper arbeiten dabei Hand in Hand. Nun kannst du dir ausmalen, warum Ängste und negative Gedanken auch bei diesem Thema hinderlich sind.

Aber keine Sorge, Abhilfe dagegen kannst du mit folgendem Satz schaffen:

Wenn du jetzt nicht positiv denken kannst, weil du Angst hast, deine Lebensziele nicht zu erreichen, dann beame dich einfach in eine andere Zeitdimension, in der du es kannst!

Diesen Gedankengang entdeckte ich erstmals zwei Tage vor der Hochzeit meiner Schwester, als ich gerade mein Outfit für den großen Tag zur Probe trug. Ich betrachtete mich selbstkritisch im Spiegel, als ich feststellte, dass mein freudloser Gesichtsausdruck sowie meine gekrümmte Haltung mich wie ein Häufchen Elend aussehen ließen. Prompt betätigte ich dadurch den Sorgen-Hebel in mir und es folgte eine pessimistische Gedankenschleife: »Wie schade, dass ich allein auf die Hochzeit gehen muss. Wieder mal stehe ich allein da! Alle anderen in meinem Alter haben schon einen Partner gefunden, nur ich nicht. Langsam läuft mir die Zeit davon – wahrscheinlich werde ich nie jemanden finden.«

Meine Überlegungen waren kaum vollendet, da meldete sich eine weitere innere Stimme zu Wort. Sie wies mich auf die unermessliche Liebe hin, die ich für meine Schwester empfinde. Dadurch wurde mir bewusst, dass ich diesen einmaligen und wichtigen Tag nicht als Trauerkloß erleben wollte. Also suchte ich nach einem nützlichen Gedanken. Daraus resultierte folgende Frage: Was wäre, wenn ich wüsste, dass mein Lebenspartner in einem halben Jahr vor meiner Tür steht?

Die Antworten darauf waren allesamt positiv: Na, dann würde ich mich vermutlich köstlich amüsieren. Ich würde mich von all den Verliebten um mich herum inspirieren lassen und voller Vorfreude an meine zukünftige Partnerschaft denken. Auf jeden Fall würde mich den ganzen Tag über ein strahlendes Lächeln begleiten und ich wäre in der Lage dazu, mich aus tiefstem Herzen am Glück meiner Schwester zu erfreuen. Na dann, tue ich einfach so, als ob ich wüsste, dass er kommt.

Indem ich diesen Gedankengang mehrfach wiederholte, überzeugte ich mein Unbewusstes. Die Zweifel und Ängste verloren dadurch enorm an Energie. Am Tag der Hochzeit verlor ich tatsächlich keinen Gedanken daran. Ich lachte und weinte vor Glück gemeinsam mit meiner Schwester und amüsierte mich köstlich.

Diese Methode, deren Beschreibung du am Ende des Kapitels noch einmal detailliert findest, lässt sich auch auf das Thema »unerfüllter Kinderwunsch« wunderbar ummünzen. Besteht bei uns Frauen nämlich ein solcher Wunsch, so verhalten wir uns diesbezüglich sehr ähnlich wie bei anderen unerfüllten Sehnsüchten.

In den letzten Jahren wurde das Thema Kinder mehr und mehr ein Thema in meinem Freundeskreis. Was mir dabei auffiel, war, dass viele Frauen eine Schwangerschaft präzise planen wollten. Meine Freundin Sonja erklärte mir beispielsweise, dass sie noch schnell ihre Doktorarbeit abschließen würde und spätestens drei Monate danach schwanger sein wollte. Weil das nicht klappte, dehnte sie ihren Empfängniszeitraum schließlich auf ein Jahr aus. Später sogar auf zwei. Als sie nach fast drei Jahren davon überzeugt war, keine Kinder bekommen zu können, widmete sie sich wieder ihrem Job und strebte eine neue Position an. Kaum zwei Monate nach dieser Entscheidung war sie schwanger.

Bestimmt kennst du solche oder ähnliche Geschichten aus deinem Bekanntenkreis. Bei all diesen Sehnsüchten spielen die Einstellung und die dahinterliegenden Gedanken eine wesentliche Rolle. Wenn du dir etwas zu sehr wünschst, ist es ganz natürlich, dass dieser Wunsch von einer großen Angst begleitet ist. Die Vorstellung, dass der Wunsch nicht in Erfüllung gehen könnte, ist für viele derart schrecklich, dass sie sich negativ auf den Körper auswirkt.

Außerdem glaube ich, dass wir der Natur keine Vorschriften machen können. Die Blumen blühen im Frühling und die Blätter fallen im Herbst. Nur weil wir Menschen vielleicht im Winter mehr Zeit für das Freibad hätten, ändert sie ihren Vorgang nicht. Der Gedanke, dass die Natur ihre eigene Intelligenz hat und dass wir alle uns auf sie verlassen können, hilft mir dabei, ihr mein Vertrauen zu schenken.

Erwähnt möchte ich noch haben, dass viele Paare sich ihres Wunsches so sicher sind, dass sie sich ihren Kinderwunsch über andere Wege erfüllen, wenn es auf dem »herkömmlichen« Weg nicht klappt. Herzenswünsche sind schließlich auch ein Bestandteil des Menschen und somit der Natur.

Inspiration: Energie der positiven Zukunft

Wenn es auch bei dir immer wieder einmal Situationen gibt, die Ängste und Sorgen darüber schüren, ob du deine Lebensträume noch rechtzeitig umsetzen kannst, so schenke dir den Glauben, dass die gewünschten Ergebnisse zu einem von dir definierten Zeitpunkt geschehen werden. Damit überlistest du deinen Verstand und stoppst den negativen Gedanken- und Gefühlskreislauf, der für deine Wünsche kontraproduktiv ist, und sorgst für Entspannung. Diese Technik ermöglicht es, die Gegenwart in vollen Zügen zu genießen. Denn egal, wie sich deine Zukunft gestaltet, genießen kannst du nur die Gegenwart.

So findest du zu deiner positiven Zukunft:

- Nenne deinen Wunsch und stell dir vor, dass er innerhalb eines von dir benannten Zeitraumes in Erfüllung geht. Zum Beispiel sechs Monate oder ein Jahr
- Glaub daran, dass du dein Ziel in sechs Monaten, einem oder zwei Jahren erreicht haben wirst. Sag dir diesen Satz immer wieder in Gedanken vor.
- Sobald sich im Alltag Zweifel einschleichen, schnappst du diese bewusst auf und lenkst deine Aufmerksamkeit auf deinen positiven Zukunftssatz.
- Genieße anschließend in dem Glauben, dass sich dein Wunsch zum richtigen Zeitpunkt erfüllt, die Gegenwart.
- Genieße jeden Moment – denn er kehrt nie wieder zurück!

Falls du dich nun fragst, inwiefern dir diese Methode in der Realität hilft, so erinnere dich an die Kraft deiner Gedanken. Sie gestalten deine Zukunft. Sie lassen Wünsche zu Zielen werden. Sie sind für deine Handlungen ausschlaggebend. Nicht umsonst heißt es: Du bist, was du denkst! Außerdem hilft sie dir beim Loslassen der Ängste und Sorgen, dass sich dein Wunsch nicht erfüllt, was in Gedankenkraft gesprochen einer Stornierung deiner Wünsche gleichkäme.

What you see is what you get – erkenne deine Chancen

Immer wieder einmal hatte ich in meinem Leben das Gefühl, nicht weiterzukommen und auf der Stelle zu treten. Zum einen gab es da all meine Ziele und Wünsche, die ich mir erfüllen wollte, zum anderen viele Wege, die ich ausprobieren wollte. Oftmals aber konnte ich auf Grund der äußeren Einflüsse dazu nur begrenzt einen Beitrag leisten. Und so wartete ich zum Beispiel darauf, dass sich neue berufliche Chancen ergeben würden, darauf, endlich wieder einen Mann zum Verlieben kennenzulernen, und darauf, die passende Wohnung in der Innenstadt zu finden.

Glücklicherweise verbrachte ich diese Zeiten nicht wirklich wartend. Denn wie du wahrscheinlich weißt, ist der Zustand des Wartens kein angenehmer. Niemand steht gerne an der roten Ampel. Wenn man außerdem bedenkt, dass einem dabei wertvolle Lebenszeit verloren geht, wird man fast schon ärgerlich. Im Worst Case führt die Kombination aus permanentem Warten sogar dazu, dass man beginnt zu glauben, ein Opfer der Umstände zu sein. Ausgeliefert, machtlos, eine Spielfigur im Film des Lebens. Die Fähigkeit, selbstbestimmt zu leben, rückt dabei in weite Ferne.

Das alles kann durch das Wiederentdecken unserer naturgegebenen Neugierde verhindern werden. Denn wer seine Augen bewusst offen hält, der entdeckt jeden Tag neue Möglichkeiten. Das Leben steckt voller Überraschungen. Wenn wir morgens erwachen, steht noch in den Sternen, welch wundervollen Ereignisse, Begegnungen und Geschenke uns am Tag erwarten. Auch wenn unser Tagesablauf häufig vordefiniert ist, bleibt zwischen all den Aufgaben und Pflichten dennoch jede Menge Platz für Entdeckungen.

Häufig jedoch ist uns diese Tatsache nicht bewusst, weil wir von der Routine geblendet werden. Es existieren Hunderte von Abläufen, die wir fortwährend, manchmal schon über Jahre hinweg, nach demselben Schema erledigen. Der Wecker läutet, ab ins Bad, Zähneputzen, fünf Minuten unter die Dusche, weiter zum Kleiderschrank, dann zur Arbeit, und so weiter.

Irgendwann ist es schließlich halb elf Uhr abends und uns sind geschätzt bereits 567 geniale Entdeckungen entgangen. Wenn du nur einige davon ergründen möchtest, so leg heute einfach einmal deine graue Routinebrille ab und richte dein Augenmerk auf die Abenteuer des Alltags. Ob es um Mitmenschen geht oder um Vergnügen und Hobbys: Überall gibt es Spannendes zu entdecken, das dein eigenes Leben bereichern kann!

Hast du dich beispielsweise schon mal gefragt, wie die Dame hinter der Feinkosttheke im Laden um die Ecke heißt? Welche Geschichte sie wohl zu erzählen hat und warum sie Montag Früh richtig gut gelaunt ist? Wer sind deine Kollegen? Kennst du sie richtig und weißt du, welcher Mensch sich hinter der manchmal so peniblen oder strengen Person verbirgt? Wie sieht es mit deinen Kundinnen, Lieferanten, Geschäftspartnerinnen, deinem Nachbarn, dem Freund deiner Freundin, dem Mann, der jeden Tag gemeinsam mit dir in den Bus steigt, der Trafikantin oder dem Postboten aus – kennst du jemanden von ihnen?

All diese Menschen haben das Potenzial, dich und dein Leben zu bereichern. Überraschende Hinweise, spannende Informationen, inspirierende Gedanken und berührende Geschichten könnten dir dadurch zuteilwerden.

Kommunikation ermöglicht es uns, Beziehungen zu unseren Mitmenschen aufzubauen. Oftmals verlernen wir im Erwachsenenalter aber das »Neugierigsein«, was zur Folge hat, dass wir immer seltener auf fremde Menschen zugehen. Ab Mitte zwanzig haben die meisten von uns bereits einen gefestigten Freundeskreis sowie ein stabiles soziales Umfeld, weswegen es keine Notwendigkeit gibt, unbekannte Mitmenschen näher kennenzulernen. Weil aber genau diese Neugierde, die wir im Verlauf der Jahre verloren haben, ein wichtiger Schlüssel zum beständigen Glück ist, macht es Sinn, diese wieder zum Leben zu erwecken.

Anlässe für mehr Licht und Farbe im grauen Alltag finden wir zudem nicht nur bei unseren Mitmenschen, sondern an den verschiedensten Orten. So erblickst du beim

Kiosk um die Ecke vielleicht ein Wohn- und Lifestylemagazin mit tollen Anregungen zur Umgestaltung des Schlafzimmers. Oder du entdeckst bei einem Spaziergang den Garten eines Nachbarn, der dich dazu animiert, den eigenen Balkon in einen paradiesischen Rückzugsort zu verwandeln. Vielleicht sind es aber auch der Sprach- oder der Kochkursanbieter, das Poledance- oder Yogastudio, welche unser plötzliches Interesse erwecken. Oder es springt uns beim täglichen Fußweg zum Bus ein nettes Café oder ein neues Restaurant ins Auge, das wir bei nächster Gelegenheit ausprobieren möchten.

Es gibt eine Vielzahl an Möglichkeiten, die deinen Alltag zu einer richtigen kleinen Abenteuerreise werden lassen können. Wenn du dich nach mehr Licht und Farbe in deiner Welt sehnst, du dich mal wieder so richtig lebendig fühlen möchtest, Lust auf Abenteuer hast und Lebensfreude als kontinuierlichen Begleiter an deiner Seite spüren willst, so richte deine Sensoren auf Entdeckungen aus und erkunde dein tägliches Umfeld. Schau bei deinen üblichen Wegen genauer hin. Beobachte Hausfassaden, Werbeplakate, Geschäfte und Menschen. Wähle anstatt des üblichen Weges in die Arbeit einfach mal einen Umweg. Frag deine Kolleginnen, den Verkäufer oder deinen Arbeitsweggefährten doch einmal, wie es ihm geht. Suche nach Geschichten und Quellen der Inspiration und erlebe, wie dich diese Erfahrungen bereichern.

Inspiration:

Entdeckungsbuch

Falls du nun Lust auf die Abenteuer deines Alltags bekommen hast, so empfehle ich dir ein kleines Entdeckungsbuch. Ein Stapel Post-its oder ein Mininotizblock sind dafür genau die richtigen Utensilien. Verstaue diese Hilfsmittel idealerweise in deiner Hand- oder Hosentasche. Zum einen erinnert dich der Block durch seine bloße Anwesenheit immer wieder an die Entdeckungen deines Alltags, zum anderen fordert er dich auf, diese auch zu notieren. Abends zu Hause angelangt, kannst du dann nochmals einen Blick darauf werfen und Etwaiges ergänzen.

Ich trage ein solches Büchlein seit geraumer Zeit bei mir. Abgesehen von den positiven Gefühlen, die dadurch erweckt werden, regt es mich immer wieder zu kreativen Lösungsansätzen für meine Probleme und neuen Ideen an.

Schau lieber zweimal hin!

Oliven! Jahrzehntelang hasste ich sie! Diese kleinen harten Dinger mit ihrem salzig-bitteren Geschmack und dem lästigen Kern, den man wieder ausspucken muss. Als ich vor einiger Zeit eine Reise nach Andalusien unternahm und mir dabei fortwährend Oliven in sämtlichen Farben und Formen als Aperitif-Begleiter serviert wurden, probierte ich schließlich doch mal wieder eine davon. Drei Minuten später hatte ich das Schüsselchen leergegessen.

Ähnlich erging es mir mit Menschen, die mir auf den ersten Blick nicht sonderlich sympathisch waren. Ich erinnere mich dabei gerne an Markus, der mittlerweile zu einem richtig guten Freund für mich geworden ist. Im Zuge eines Treffens im Freundeskreis wurde er mir vorgestellt. Ich fand ihn vom ersten Moment an ziemlich langweilig und störte mich an seiner schrecklichen Frisur. Als er auch noch versuchte, mich in ein belangloses Gespräch zu verwickeln, beschloss ich, diesen Kerl nicht ausstehen zu können.

Mein Vorurteil währte viele Monate, bis ich schließlich in einem Moment, in dem es mir nicht besonders gut ging, eine aufheiternde Nachricht von ihm erhielt. Als wir uns das nächste Mal trafen, entstand ein spannendes Gespräch. Zum ersten Mal übergingen wir den von mir gering geschätzten Small Talk und sprachen über Wesentliches und Tiefgründiges in unser beider Leben.

Im Nachhinein wurde mir klar, dass es uns nur dann möglich ist, einen Menschen wirklich kennenzulernen, wenn wir auch bereit sind, uns zu öffnen. Weil ich das lange

Zeit nicht tat, verebbten die Gespräche zwischen Markus und mir an der Oberfläche. Doch diese Art der Kommunikation befriedigt uns dauerhaft nicht. Sie berührt uns einfach nicht und lässt dadurch auch wenig positive Emotionen und Bindungsgefühle entstehen.

Weil ich meine Lebenszeit sehr schätze, gehe ich seither mit einer großen Portion Offenheit auf andere Menschen zu. Ich erzähle ihnen, wie ich mich fühle, was mir guttut, welche peinlichen Angewohnheiten ich habe und auch welche Fehler mir wiederholt unterlaufen. Ich schenke ihnen damit mein Vertrauen und bekomme in fast allen Fällen genau dieses zurück. Aus dem Nichts entstehen so häufig wunderbare Gespräche. Ich lerne seitdem immer öfter interessante, liebenswerte und tiefgründige Menschen kennen, die mein Leben bereichern. Manchmal aber gelingt es mir nicht gleich beim ersten Mal, sie zu »knacken«, dann denke ich einfach an Markus und seine Geduld, die er mir gegenüber aufbrachte.

Schau lieber zweimal hin, denn manchmal übersiehst du beim ersten Blick den Hauptgewinn!

Inspiration:

Alte Bekannte neu entdecken

Gibt es in deinem Freundes- oder Bekanntenkreis Menschen, bei denen du das Gefühl hast, sie nicht richtig zu kennen? Womöglich hattest du bisher auch kein Interesse, sie näher kennenzulernen. Dennoch empfehle ich dir einen Blick hinter die Fassade dieser Menschen. Denn allzu oft verstecken sich dort ungeahnte Fähigkeiten, Gemeinsamkeiten und Quellen der Inspiration.

Wähle drei Menschen aus deiner Kollegenschaft, Nachbarschaft, deinem Bekannten- oder Freundeskreis aus, von denen du glaubst, sie nicht richtig zu kennen. Mach es dir beim nächsten Treffen zur Aufgabe, sie besser kennenzulernen, indem du selbst offen und herzlich agierst und interessiert nachfragst. Unter den drei Auserwählten befindet sich mit hoher Wahrscheinlichkeit mindestens ein Kandidat, der dein Leben mit seinen Ansichten und Ideen bereichern wird.

Halb entspannt ist auch gearbeitet

Ist es nicht verrückt, dass es den meisten von uns um ein Vielfaches leichter fällt, 15 Minuten lang am Smartphone durch den Instagram-Feed zu scrollen oder schreckliche Nachrichten zu lesen, die unser Gehirn auf Hochtouren bringen, als sich 15 Minuten lang nach hinten zu lehnen und einfach nichts zu tun? Diese Frage kam mir in den Sinn, weil ich genauso ein Kandidat bin beziehungsweise war. Bei mir lag das unter anderem am Glaubenssatz – ohne Fleiß kein Preis.

Aber es gibt viele Gründe, warum uns das Entspannen schwerfällt, obwohl wir vielleicht auf Verstandesseite längst darüber Bescheid wissen, dass Meditation, Yoga und Co. gut für unsere körperliche und mentale Gesundheit sind. Manche können sich Pausen, so wie ich früher, nur schwer erlauben. Andere haben einen derart prall gefüllten Alltag, dass scheinbar keine Zeit dafür bleibt. Wieder andere haben Angst vor der Stille, in der sie ihre innere Stimme dann plötzlich hören können. Und die meisten wissen einfach nicht, wie sie in kurzer Zeit wirklich einen entspannten Zustand erreichen.

Aber genug von den Verhinderern. Unser Gehirn ist ein Workaholic – es arbeitet quasi rund um die Uhr. Wir alle wissen, dass das langfristig nicht gut gehen kann. Daher ist es wichtig, unsere Einwände und Vorwände gegen Entspannungsübungen loszulassen. Um dich dazu zu motivieren, möchte ich dir aufzeigen, welch positive Wirkung Entspannungsmethoden auf dein Leben haben können, bevor ich dir dann anschließend ein paar meiner persönlichen Methoden vorstelle.

Eine liebe Bekannte erklärte mir in dieser Zeit bildhaft, welche Wirkung Entspannung auf uns hat: Stell dir dazu bitte ein Glas vor, in dem sich Wasser und Sand befinden. Wenn das Glas ruhig steht, niemand darin herumrührt oder es schüttelt, siehst du bis zum Boden. Wenn du es in Bewegung bringst, siehst du vor lauter tanzenden Sandkörnern den Boden nicht mehr. Genau so ergeht es uns selbst im Alltag. Bleiben wir ständig in Bewegung und gönnen wir uns nicht regelmäßige Ruheeinheiten, so sehen wir nicht klar, was tatsächlich wichtig in unserem Leben ist. Wir erkennen unsere Bedürfnisse nicht mehr, finden die Lösungen für unsere Probleme nicht, obwohl sie vielleicht schon da sind, und suchen im Außen nach Dingen, die wir vielleicht im Innen viel schneller finden könnten. Kurzum: Entspannung verhilft dir zu mehr Klarheit und Lösungskompetenz.

- Weitere positive Gewinne, die dir durch regelmäßige Entspannungseinheiten zuteilwerde: *Entspannung macht gelassen.* Das parasympathische Nervensystem wird aktiviert und somit auch der Ruhe- und Entspannungsmechanismus des Körpers. Je öfter wir uns bewusst, beispielsweise durch Meditation, autogenes Training oder Fantasiereisen, entspannen, desto leichter erreichen wir eine gesunde Entspannung, die auch nach der Anwendung noch weiter anhält. Wir werden ruhiger und gelassener und lassen uns im Alltag nicht mehr so schnell aus der Ruhe bringen.

- *Entspannung macht klug:* Beim Meditieren schaltet unsere Hirnaktivität in den Gamma- oder Beta-Bereich um. Das heißt, wir fokussieren und konzentrieren uns dabei enorm. Das Resultat daraus ist, dass sich unsere Aufnahmefähigkeit erhöht und wir anschließend leistungsfähiger sind.
- *Entspannung vermindert körperlichen Schmerz:* Bei den klassischen Entspannungsübungen lernen wir, unsere Aufmerksamkeit auf eine einzige Sache zu konzentrieren. Dabei können andere Empfindungen, wie beispielsweise Schmerzen, kaum mehr wahrgenommen werden. Wer das lange genug trainiert, kann selbst chronische Schmerzen dadurch erheblich vermindern oder sogar loswerden, wie ich aus eigener Erfahrung weiß.
- *Entspannung stärkt die Abwehrkräfte:* Wenn die Seele leidet – und das tut sie immer dann, wenn wir uns im Stressmodus befinden, sinken auch die Abwehrkräfte und das Immunsystem wird schwächer. Entspannung hingegen fördert durch die Ausschüttung verschiedener Hormone die körperliche Abwehr.
- *Entspannung hält jung!* In diversen Studien wurde belegt, dass regelmäßiges Meditieren dabei hilft, die Zellalterung zu verlangsamen.

Außerdem spielt bei sämtlichen Entspannungstechniken die Gedankenstille eine wichtige Rolle. Und diese Art der Stille, dieser Moment, wo dir plötzlich niemand, ja nicht mal du selbst, mehr etwas abverlangt, ist alles andere als langweilig. Wer nach ein wenig Entspannungstraining erstmals Gedankenstille erreicht, der wird sich fühlen, als könne er fliegen, und zwar so lange und so weit, wie er will, ohne jegliche Sorge an gestern und morgen zu verschwenden.

Entspannung findet zu hundert Prozent in der Gegenwart statt. Im Alltag hingegen rattern die Gedanken üblicherweise hinauf und hinunter. Mal sind sie in der Zukunft, mal in der Vergangenheit und nur selten im Hier und Jetzt. Letzteres ist nicht nur generell bei Entspannungsübungen, sondern auch für unser Leben enorm wichtig.

Denn es gibt immer nur einen Moment, der es uns ermöglicht, etwas zu verändern – und dieser Moment ist immer JETZT.

Logisch, oder? Im Morgen und im Gestern können wir nichts erreichen oder verändern. Wesentlich ist immer nur der Augenblick – also das Jetzt!

Damit aber genug der Theorie – lass uns ins Tun kommen. Ein paar einfache Entspannungsmethoden habe ich im Anschluss zusammengefasst. Weil ich den klassischen Methoden anfangs nicht viel abgewinnen konnte, erfand ich teilweise Eigenvariationen, die gerade für Einsteiger oder Menschen, die wenig Zeit haben, gut anwendbar sind. Wenn du noch nie mit Entspannungsmethoden zu tun hattest, solltest du mit kleinen Einheiten im Ausmaß von fünf bis fünfzehn Minuten beginnen. Such dir vorerst also ein bis maximal zwei Übungen aus den folgenden aus, die du mindestens zwei- bis dreimal wöchentlich durchführst.

4-7-11-Methode

Bei dieser bewährten Atemmeditation machst du es dir bequem, schließt deine Augen und führst folgende drei Schritte aus:

4 Sekunden lang einatmen (tief in den Bauch)
7 Sekunden lang ausatmen durch den Mund
11 Wiederholungen der Atemsequenz

Der Profi empfiehlt statt 11 Wiederholungen 11 Minuten. Aber ich habe festgestellt, dass sogar 3 Atemsequenzen bereits dazu führen können, dass man sich ruhiger und entspannter fühlt. Diese Methode ist daher auch ideal für zwischendurch oder um sich in beziehungsweise nach einer stressigen Situation wieder selbst zu beruhigen.

Enstspannung:

Ich nehme wahr

Bei dieser Meditation machst du es dir bequem, schließt deine Augen und atmest dabei einige Male tief ein und aus. All deine Gedanken darfst du jetzt ziehen lassen. Jedes Mal, wenn dennoch ein Gedanke hochkommt, stellst du dir vor, dass er wie eine Wolke am Himmel einfach weiterzieht. Du konzentrierst dich nur auf deine Atmung. Einatmen – ausatmen – einatmen ...

Nach 60–120 Sekunden atmen stellst du dir die folgenden Fragen. Egal in welcher Reihenfolge. Einfach so, wie sie dir einfallen:

- Wo spüre ich meinen Körper? Zum Beispiel: Ich spüre die Auflage unter mir oder die Lehne hinter mir. Ich spüre, dass mein Shirt am Rücken aufliegt oder meine Jeanshose am Oberschenkel zwickt.
- Was höre ich? Vielleicht das Ticken der Uhr, meine Stimme, Musik?
- Was rieche ich?
- Was schmecke ich?

Body Scan

Diese Methode eignet sich dann besonders gut, wenn du auch deinen Körper entspannen möchtest und beispielsweise vorhandene Verspannungen lösen willst. Genau wie bei allen anderen Übungen machst du es dir bequem, nimmst ein paar tiefe Atemzüge und schließt deine Augen.

Nun konzentrierst du dich auf deine einzelnen Körperteile. Beginne bei deinem rechten Fuß. Spanne den Fuß samt Ferse und Zehen für 5–10 Sekunden an, so fest du kannst, und dann atme aus und lass los. All deine Fußmuskeln entspannen sich. Genieße die Entspannung und spüre, wie dein Fuß immer freier und freier wird. Nimm dir 30 oder mehr Sekunden Zeit. Diesen Prozess wiederholst du in folgender Reihenfolge, bis du schließlich beim Kopf ankommst:

- Füße
- rechter/linker Unterschenkel
- rechter/linker Oberschenkel
- Po
- Bauch
- unterer Rücken
- oberer Rücken
- Brust
- rechte/linke Hand
- rechte /linke Schulter
- Hals und Nacken
- Kopf
- Gesicht/Stirn/Wangen/Mund

Bevor du diese Übung abschließt, genießt du noch einige Minuten die Entspannung deines gesamten Körpers.

Solltest du einmal weniger Zeit haben und möchtest dennoch verspannte Körperteile ein wenig auflockern, so kannst du natürlich nur Auszüge dieser Methode individuell anwenden.

Bewegung

Jede Art der Bewegung hilft unserem Körper, dabei ausgeschüttete Stresshormone, die langfristig zu körperlichen und mentalen Problemen führen können, abzubauen. Natürlich gibt es die eine oder andere Bewegungstherapie wie Yoga oder Qi Gong, die diverse Zusatznutzen für unsere geistige Gesundheit hat. Der größte Zusatznutzen, den du bei Bewegung haben kannst, ist aber Freude. Daher wähle eine Sportart oder Bewegungseinheit, die dir Spaß macht. Hier ein paar Ideen:

- Waldbaden beziehungsweise ein langer Spaziergang durch den Wald
- Hula Hoop oder tanzen
- Laufen, wandern, walken oder Entdeckungsspaziergänge in Gassen und Straßen, die du noch nicht kennst
- Yoga, Pilates, Zumba, Aerobic
- Fahrrad fahren oder E-Bike fahren
- Wasserski fahren, Wakeboarden, Ruderboot oder Kanu fahren
- Pilze und Schwammerl im Wald suchen
- Poledancing, Ausdruckstanz, Wassergymnastik, Fitnessstudio
- Boxen, Kung fu
- Schlittschuhlaufen, Eishockey, Eisstock schießen, Langlauf, Schneeschuhwandern

Kreative Entspannung

Auch Kreativität ist ein bewährter Entspannungsansatz, und zwar egal, ob man glaubt, man sei kreativ oder nicht. Die Konzentration auf die kreative Tätigkeit bringt mit sich, dass kaum noch Platz für Gedanken an das Gestern und Morgen bleiben. Ähnlich wie bei der Meditation wechselt der Körper in den Entspannungsmodus.

Kreative Tätigkeiten sind zum Beispiel: malen, basteln, handwerken, intuitiv kochen oder backen, Mandalas ausmalen, fotografieren, tanzen, schreiben, töpfern, teilweise auch Gartenarbeit, schminken, zeichnen, Gedichte schreiben, schneidern, eine Fotocollage erstellen, ein Möbelstück selbst bauen.

Individuelle Entspannung

Wie du bereits bei den Kreativmethoden gesehen hast, muss Entspannung nicht immer Nichtstun bedeuten. Zwar gibt es eine Vielzahl an Menschen, die tatsächlich nur bei Yoga und Meditation richtig gut entspannen können, aber andersrum gibt es auch Menschen, die inmitten eines vollen Marktcafés in eine tiefe Entspannung eintauchen. Kurzum – die richtige Entspannungsmethode ist genauso individuell wie der Mensch selbst. Ich zum Beispiel habe vor einiger Zeit festgestellt, dass mich kaum etwas mehr entspannt als ein tiefsinniges Gespräch mit einem vertrauten Menschen bis in die Nacht hinein. Dabei vergesse ich die Welt und fühle mich im Anschluss wie ein neuer, energiegeladener Mensch. Ähnlich ergeht es mir auch beim Lesen und Schreiben.

Daher höre gut in dich hinein und vertraue deiner Intuition, wenn es um die richtige Entspannungsmethode geht.

Mein Tipp: Versuch dir pro Woche mindestens zwei etwas größere (15–60 Minuten) oder alternativ drei kleinere Entspannungseinheiten (5–10 Minuten) zu gönnen.

Je schneller die Zeit bei deiner Entspannungsübung verfliegt, desto mehr entspannst du.

Zieh dein Ding durch

Ganz egal, welche Übungen und Methoden du bisher aus diesem Buch umgesetzt hast – ob daraus langfristig ein Erfolg, eine positive Veränderung oder eine Gewohnheit wird, die dir das Leben leichter machen, entscheidet sich jetzt! Warum? Dazu möchte ich dir eine Anekdote von den Vorbereitungen zu diesem Buch erzählen.

Bevor ich mich dazu entschloss, mein Manuskript in ein Buch zu verwandeln, recherchierte ich in meinem Freundeskreis, inwiefern Inspirations- und Lebenshilfebücher, zu denen ja auch dieses Buch gehört, ankommen. Nachdem ich selbst mehr als siebzig Ratgeber gelesen habe, eine begeisterte Umsetzerin bin und mir nicht vorstellen kann, wie mein Leben heute ohne den inspirierenden Lesestoff aussehen würde, empfand ich mich als keinen guten Indikator.

Meine erste Interviewpartnerin war meine liebe Freundin Sandra. Grundsätzlich ist Sandra eine begeisterte Leseratte, und Ratgeber verschlingt sie zwischendurch immer wieder gerne. Als ich sie aber fragte, inwiefern diese Bücher durch ihre Impulse bisher eine positive Veränderung in ihrem Leben bewirkt hatten, legte Sandra ihre Stirn in Falten. Sie erzählte mir von einem Buch, das sie vor einiger Zeit gelesen hatte. Es war derart anregend geschrieben, dass sie es innerhalb weniger Tage verschlang. Während des Lesens war sie zuversichtlich, dass sie gleich im Anschluss damit beginnen würde, so einiges in ihrem Leben zu verändern. Nachdem sie aber die letzte Seite gelesen und das Buch zugeklappt hatte, landete dieses im Bücherregal.

»Ja, und genau dort habe ich dann wohl auch meine Motivation, endlich einmal etwas zu verändern, gelassen«, sagte Sandra resigniert.

Zu Hause angekommen, machte ich mir ein paar Gedanken über Sandras Situation. Schließlich wollte ich doch kein Buch verfassen, das davon erzählt, wie ich es geschafft habe, mein Leben zum Positiven zu verändern, und dabei Leserinnen und Leser zurücklassen, die zwar interessiert an diesen Theorien sind, aber dennoch keinen Nutzen da raus ziehen können. Die Lösung für Sandras Problem ergab sich, als ich einige Tage später mit meiner lieben Bekannten Ines erneut über das Thema Inspirationsbücher sprach. Ines hatte genau wie ich unzählige Bücher der Kategorie Lebenshilfe aus dem Bereich Mentaltraining und positive Psychologie gelesen und sich viele hilfreiche Tipps und Anregungen daraus mitgenommen. Nach einem langen Gespräch sowie jeder Menge Recherchen, die wir angestellt hatten, wurden uns vier wesentliche Dinge bewusst, die eine Leserin oder einen Leser, der im Anschluss an ein Inspirationsbuch einen Erfolg verbucht, von einem, bei dem sich hinterher wenig verändert, unterscheiden. Diese habe ich hier für dich zusammengefasst:

1. *Man lernt Radfahren nicht vom Zusehen!* Okay, ich gebe zu, es kann durchaus hilfreich sein, einen Profi bei seinem Sport zu beobachten, aber vom Zusehen allein wirst du kein Profi. Da wir uns aber alle danach sehnen, zum Profi unseres Lebensglücks zu werden, ist das Tun unerlässlich. Weil ein Buch zu lesen als passi-

ve Tätigkeit wahrgenommen wird, fällt es vielen Menschen schwer, die Ideen und Tipps in die Praxis zu integrieren. Aber genau dieser Punkt unterscheidet den Erfolgreichen vom Erfolglosen. Mach dir diese Tatsache bewusst und entscheide dich dieses Mal, nicht nur zuzusehen, sondern selbst aktiv zu werden.

2. *Wenn das Wörtchen »wenn« nicht wäre …* Es gibt jede Menge Argumente, warum du die Liste mit den Unternehmungen, das Vorsagen der Selbstliebe-Mantras oder aber die Glücksmethoden jetzt nicht umsetzt. Genauso viele Argumente gibt es dafür, warum du jetzt keine Zeit hast, dich mit deiner Berufung und deiner Zukunft zu beschäftigen. Ja, es gibt immer einen Grund.

   Und so sagen dann viele: »Wenn die Kinder erst einmal aus dem Haus sind, dann …«, »Wenn ich meine Ausbildung erst mal abgeschlossen habe, dann …«, »Wenn dieses Jahr erst einmal vorbei ist, dann …«. Mach diesen Fehler bitte nicht! Dieses »wenn, dann« verzögert sich leider in viel zu vielen Fällen bis in die Ewigkeit. Und das ist gar nicht verwunderlich, schließlich sagen wir tatsächlich oft, dass sich dieses oder jenes niemals ausgeht.

   Meine Verlegerin Verena zum Beispiel wünschte sich immer ein Pferd. Weil sie aber selbstständig und außerdem eine leidenschaftliche Stressmacherin ist, behauptete sie, dass sie für ein eigenes Pferd nie im Leben genug Zeit aufbringen könnte. Dann aber erfuhr sie von einem Pferd, das unglücklich war, weil es als

Schulpferd in einem Reitbetrieb die vielen zahlreich wechselnden Reiter nicht mehr aushielt, und verwarf alle »Wenn-dann-geht-sich-niemals-aus«-Gedanken. Später hatte sie mit ihrem Mann zwei Pferde und beide verlegen immer noch Bücher nebenbei.

Da wir leider nicht ewig leben, sollten wir heute, und nicht morgen, damit beginnen, unsere Wunschbiografie zu schreiben. Verpass dein Leben nicht! Nutze die vielen Möglichkeiten, dich weiterzuentwickeln, deinen Träumen näherzukommen und neue Glücksquellen zu entdecken. Wo ein Wille ist, ist auch ein Weg. Mit diesem altbewährten Motto findet man auch unter erschwerten Bedingungen neue Wege. Versuch es mit kleinen Schritten und übernimm dich nicht, aber beginne trotzdem, deinen Wünschen entgegenzulaufen.

3. *Zieh dein Ding durch!* Egal, was du im Anschluss an dieses Buch verändern oder welche Ziele du erreichen möchtest, eines ist sicher: Es wird nicht immer einfach sein. Hindernisse wie alte Gewohnheiten, Geld- oder Zeitmangel, Selbstzweifel und Ängste werden zum Vorschein kommen. Kurzum: Auf deinen neuen Wegen wird es genauso wie auf deinen alten Pfaden Stolpersteine geben. Möchtest du sie dennoch gehen, so stolpere mit Würde und steh anschließend einfach wieder auf. Jeder Misserfolg ist ein Schritt zum Erfolg.

Der Unterschied eines erfolgreichen und erfolglosen Menschen ist, der eine steht immer wieder auf, der andere bleibt liegen.

4. *Erkenne, dass du die Expertin oder der Experte deines Lebens bist!* Kein Ratgeber dieser Welt ist in der Lage dazu, konkrete Anleitungen für deine persönlichen Lebensthemen zur Verfügung zu stellen. Und deshalb scheitern viele an der Implementierung dieser in ihr Leben. Sogar, wenn ich heute den Versuch wagen und eine Schritt-für-Schritt-Anleitung mit Zeitplänen und konkreten Aufgaben zur Verfügung stellen würde, würde dieses Experiment vermutlich scheitern. Das liegt vor allem daran, dass nicht ich, sondern du der Experte für dein Lebensglück bist. Gestehe dir diese Kompetenz ein und entscheide, welcher Gedanke und welcher dahinterliegende Weg für dich richtig ist. Du bist eben ein Unikat und daher gibt es keine Pauschallösung für dein Lebensglück! Den wirklich richtigen Weg für dich kennst nur du! Verlass dich daher darauf, dass du selbst dein bester Ratgeber bist. Niemand auf dieser Welt kennt dich so gut wie du dich selbst.

Nimm dir diese Punkte zu Herzen, denn sie entscheiden darüber, ob du Zuseher oder Regisseur deiner Biografie sein wirst.

Inspiration:

Den ersten Schritt tun

Notiere dir jetzt gleich die wichtigsten Schlagworte, die dir im Zusammenhang mit diesem Buch einfallen. Egal, ob es sich dabei um Methoden, Ziele, Wünsche, Erkenntnisse oder Geschichten, welche dir in Erinnerung geblieben sind, handelt, schreib alles auf! Nimm dir dafür mindestens 15 bis 30 Minuten Zeit. Nach und nach werden dir immer mehr Inhalte wieder einfallen. Natürlich wirst du dich nicht an alles erinnern. Das ist aber auch nicht das Ziel. Wenn du in Folge nur zehn Prozent der Inhalte dieses Buches reflektierst und integrierst, wird es viele positive Veränderungen in deinem Leben geben.

Dieser Schritt ist sehr wichtig. Ohne dass du dir das Gelesene noch einmal vor Augen hältst, würdest du den Großteil deiner neu gewonnenen Gedanken und Ideen innerhalb der nächsten Tage vergessen.

Also los! Notiere dir alles, was dir wichtig und hilfreich erschienen ist!

Mach was draus!

Wie sich in diesem Buch mehrfach herausstellte, handelt es sich, auch wenn wir in der Einleitung bei der Prinzessin auf der Erbse, die lieber meckerte, anstatt zu glänzen, gestartet sind, beim selbstbestimmt Leben um kein klassisches Märchen. Vielmehr ist es ein modernes Märchen, das sich mit der Realität wunderbar vereinbaren lässt, wenn wir erst einmal begreifen, dass wir selbst die Regisseure unserer Geschichte sind. Genau wie der Regisseur brauchst auch du gewisse Instrumente, um dein Werk nach deinen Wünschen entstehen zu lassen. Deinen Werkzeugkasten hast du dir ja bereits im letzten Kapitel zusammengestellt. Nun bleibt mir eigentlich nur noch eines zu sagen: *Mach was draus!*

Die Statistik besagt, die Chance, dass Teilnehmerinnen und Teilnehmer nach einem Seminar etwas vom Gelernten umsetzen, ist in den ersten 48 Stunden am höchsten. Beschäftigen sie sich in den ersten zwei Tagen nicht erneut mit dem Thema und filtern die für sich wichtigsten Informationen, die sie aktiv in ihr Leben integrieren möchten, so tun sie es wahrscheinlich nie.

Dieses Buch ähnelt Seminarinhalten, weswegen ich

diesen Vergleich für sinnvoll halte. Zum Abschluss also möchte ich dir doch einen sanften Rat erteilen. Lass die Zeit und Energie, die du für das Lesen dieses Büchleins aufgewandt hast, nicht verschwendet sein! Nimm dir vor, in den nächsten zwei Tagen zumindest eine Tat in Bezug auf das Gelesene zu vollziehen. Motiviere dich selbst genau an dieser Stelle, nicht aufzuhören, sondern lediglich das Buch zuzuklappen. Du hast in diesem Moment die Möglichkeit, etwas zu verändern. Wie klein oder groß diese Veränderung bei dir ausfallen soll, das weißt du selbst am besten.

Für jeden einzelnen Tag wünsche ich dir nun den Glanz einer Honigperle. Und wenn du dir wünschst, dass ich dich auf diesem Weg weiterhin begleite, dann freue ich mich, wenn du zu einem meiner anderen Bücher greifst:

Honigperlen: Warum dein Leben süßer ist, als du denkst – das Buch, das dich ideal bei der Überwindung von Lebenskrisen unterstützt und dir bewusstmacht, warum das Leben seine Geschenke in Probleme verpackt.

Federleicht – Wie du loslässt und ein befreites Leben führst: das Buch, das dich beim Loslassen deiner Vergangenheit, Glaubenssätze, negativen Gewohnheiten und vielem mehr unterstützt.

Es ist ein Geschenk, dass es dich gibt: SPIEGEL-Bestseller und das Buch, dass dich wieder spüren lässt, wie unendlich wertvoll du bist. Mit einem neuen Selbstwertgefühl bringst du deine Welt zum Strahlen

Außerdem begleite ich dich gerne weiterhin online. Hier findest du mich und meine Impulse:

Meine Webseite: immer wieder mit Gratisangeboten wie Webinaren: honigperlen.at

Mein Podcast »Honigperlen«: auf Spotify, I-Tunes, Deezer, Audio-now und direkt auf honigperlen.at

Instagram: @honigperlenmelanie
TikTok: honigperlen
Pinterest: Melanie Pignitter

Danke schön!

Mit diesem, meinem allerersten Buch erfüllte sich vor rund sechs Jahren für mich ein großer Klein-Mädchen-Traum. Ich strahlte wie ein Honigkuchenpferdchen und wollte am liebsten die ganze Welt umarmen. Im ersten Schritt aber umarmte ich mich selbst – eh klar, Selbstliebe halt. Ich danke mir für meine Ausdauer, für den Glauben an meinen Traum, für den Mut, loszulegen und Fehler zu machen und so viel von meinem Inneren nach außen zu tragen. Aber all das hätte mir nichts gebracht, hätte es da nicht die wunderbaren Menschen in meinem Leben gegeben, die mich auf meinem Weg begleitet haben.

Eine bedeutende Rolle auf dem Weg zu diesem ersten Buch spielte mein Blog *Honigperlen*. Durch ihn erreichte ich erstmals mediale Bekanntheit. Als ehemalig technisches Nackerpatzerl hatte ich anfangs keine Ahnung, wie man so einen Blog aufsetzt. Meine liebe Freundin *Gabi Müller* übernahm diese Aufgabe und machte mir mit der Erstellung meines Blogs das größte materielle Geschenk, das ich im Leben je erhalten habe. Weder sie noch ich hätten damals damit gerechnet, dass mehrere Millionen Menschen meine Webseite besuchen und später meinen Social-Media-

Kanälen und meinem Podcast folgen. Aus einem Samen entstand ein mächtiger Lebensfreudebaum. Dafür, liebe Gabi, bedanke ich mich von ganzem Herzen bei dir!

Und wo wir schon bei meinem Blog und seinen Lesern sind. Ohne dich, *liebe Leserin,* wäre meine Schreibleidenschaft sinnlos. Du, liebe Leserin, bist für mich das größte Geschenk. Danke für deine Zeit und dein Vertrauen.

Falls du ein Mann bist und das hier liest: Hut ab, dass du bis hierher durchgehalten hast! Ich danke dir vielmals.

Für ihre Zeit danke ich auch meiner lieben Freundin *Wiebke Haag,* die das erste Lektorat für dieses Buch übernommen hat.

Außerdem bedanke ich mich bei meiner Verlegerin *Verena Minoggio-Weixlbaumer* für das Vertrauen, das sie mir bei der Erstauflage dieses Buches als Neuautorin von Anfang an geschenkt hat.

Mein letzter Dank gilt all jenen Menschen, die mich als *Freunde, Familie* und *Partner* begleiten. Ohne euch gäbe es nur halb so viel zu erzählen. Egal ob ihr mich nervt, lobt, kritisiert, meine wunden Punkte trefft, mit mir lacht oder an mich glaubt, ihr seid eine Bereicherung für meine Entwicklung und für mein Leben. DANKE SCHÖN!